中国科学院统计年鉴

STATISTICAL YEARBOOK OF CHINESE ACADEMY OF SCIENCES

2014

中国科学院发展规划局　编

Bureau of Development and Planning
Chinese Academy of Sciences

科学出版社
北京
Science Press, Beijing

中国科学院统计年鉴
STATISTICAL YEARBOOK OF
CHINESE ACADEMY OF SCIENCES
2014

中国科学院发展规划局 编
科学出版社 出版
北京东黄城根北街 16 号
邮政编码: 100717
http://www.sciencep.com
中国科学院印刷厂 印刷
科学出版社出版发行
*
2014 年 12 月第　一　版　　开本：787×1092 1/16
2014 年 12 月第一次印刷　　印张：20 1/2
字数：460 000
ISBN 978-7-03-042557-7
定价：280.00 元
（如有印装质量问题，我社负责调换）

《中国科学院统计年鉴》(2014)
编委会和编辑人员

一、编委会

主　　编：潘教峰

编辑委员（以姓氏笔画为序）：

王志伟	王敬泽	孔繁文
石　兵	刘桂菊	严　庆
邱华盛	张　凤	张晓林
陈　光	陈文开	陈晓峰
周德进	聂常虹	索继栓
崔胜先		

二、编辑部工作人员

总 编 辑：潘教峰

副总编辑：石　兵　　崔胜先

责任编辑：刘晓东　　王丽萍

编辑人员（以姓氏笔画为序）：

王　迪	王丽萍	王玲俐
刘晓东	汲燕芳	张　乐
张世伟	苗海霞	金建辉
周　瑶	戚洪波	梁　栋
崔　勇	彭晴晴	

英文翻译和审校：

刘晓东　　崔胜先

Members of the Editorial Committee and Editorial Office of the *Statistical Yearbook of Chinese Academy of Sciences*

Editorial Committee

Editor-in-Chief: Pan Jiaofeng

Members (according to the order of Chinese alphabet):

Wang Zhiwei	Wang Jingze	Kong Fanwen
Shi Bing	Liu Guiju	Yan Qin
Qiu Huasheng	Zhang Feng	Zhang Xiaolin
Chen Guang	Chen Wenkai	Chen Xiaofeng
Zhou Dejin	Nie Changhong	Suo Jishuan
Cui Shengxian		

Editorial Office

Managing Editor: Pan Jiaofeng

Deputy Managing Editor: Shi Bing Cui Shengxian

Coordinators: Liu Xiaodong Wang Liping

Members (according to the order of Chinese alphabet):

Wang Di	Wang Liping	Wang Lingli
Liu Xiaodong	Ji Yanfang	Zhang Yue
Zhang Shiwei	Miao Haixia	Jin Jianhui
Zhou Yao	Qi Hongbo	Liang Dong
Cui Yong	Peng Qingqing	

English Translation & Revision: Liu Xiaodong Cui Shengxian

编者说明

一、《中国科学院统计年鉴》(2014)是一部全面反映中国科学院科技工作和各项事业发展的资料性年刊。本年鉴收录了全院及院属各单位2013年的统计数据以及历年全院主要统计数据。

二、本年鉴内容分为13个部分，即：学部，机构，人员，经费，基本建设，科技活动，人才培养与引进，高等教育，专利、科技论文、获奖成果，院、所投资企业开发经营活动，科技成果转移转化项目，国际合作、港澳台地区交流，文献情报、图书出版。主要统计指标解释附于各部分之后。

三、本年鉴资料来源于综合、业务及其他管理部门年度统计报表。

四、本年鉴部分数据合计数由于单位取舍不同产生的计算误差均未做机械调整。

五、本年鉴各部分中的“按学科分”汇总数据，均指按机构所属学科分，个别情况已另加“注”说明。

六、本年鉴由中国科学院发展规划局会同院机关有关部门及相关单位共同完成。在编辑出版过程中，编辑部得到了各方面的支持和帮助，在此一并致谢。

EDITOR'S NOTES

1. The Statistical Yearbook of Chinese Academy of Sciences, 2014, is an informational almanac which gives an overall description of every major aspect related to CAS's scientific and technological (S&T) activities and its development. It contains statistical data of institutions and organizations of CAS in 2013 as well as its important statistical information in the past years.

2. The Yearbook consists of the following 13 parts: academic divisions; organizations; personnel; funds; capital construction; S&T activities; talent training and recruitment; higher education, patents, S&T papers and award-winning achievements; business activities of CAS and its institution invested enterprises;Transfer and Transformation of Sci-tech Achievements; international cooperation, and exchanges with Hong Kong, Macao and Taiwan regions; documentation, information and publications. Explanatory notes on key indicators are attached at the end of each part.

3. Data contained in the Yearbook are selected from the annual statistical reports of various professional and management departments of the Headquarters of CAS.

4. Details may not add to the total in some statistical tables due to rounding. No manual adjustment is made.

5. The definition "By field" in some statistical tables refers to the classification of research fields which the institutes mainly deal with, some special cases have attached notes.

6. The Yearbook is completed by the Bureau of Development and Planning of CAS in cooperation with the relevant departments of CAS Headquarters and concerned institutions. The Editorial Committee extends its gratitude to all those who have rendered their valuable support and assistance during the preparation of this Yearbook.

目　录
CONTENTS

一、学　部

ACADEMIC DIVISIONS

1-1 历届当选的中国科学院院士（学部委员）人数按学部分布

CAS Members, by Academic Division and Election Year

单位：人 （person）

年份 Year	合计 Total	数学物理学部 Division of Mathematics and Physics	化学部 Division of Chemistry	生命科学和医学学部 Division of Life Sciences and Medicine	地学部 Division of Earth Sciences	信息技术科学部 Division of Information Technical Sciences	技术科学部 Division of Technological Sciences
总计 Total	**1247**	**222**	**206**	**263**	**221**	**25**	**310**
1955	172	30	22	60	24		36
1957	18	6	2	5	3		2
1980	283	51	51	53	64		64
1991	210	38	35	34	35		68
1993	59	10	10	11	10		18
1995	59	10	9	12	10		18
1997	58	9	10	12	10		17
1999	55	10	8	11	10		16
2001	56	10	10	12	9		15
2003	58	10	10	11	10		17
2005	51	8	9	12	7	6	9
2007	29	6	6	7	4	1	5
2009	35	6	8	5	5	4	7
2011	51	9	7	9	10	7	9
2013	53	9	9	9	10	7	9

1-2　现有院士人数按学部分布（2013 年）

Present CAS Members, by Academic Division：2013

单位：人　　　　　　　　　　　　　　　　　　　　　　　　（person）

	合计 Total	数学物理学部 Division of Mathematics and Physics	化学部 Division of Chemistry	生命科学和医学学部 Division of Life Sciences and Medicine	地学部 Division of Earth Sciences	信息技术科学部 Division of Information Technical Sciences	技术科学部 Division of Technological Sciences
总计 Total	**750**	**143**	**128**	**132**	**124**	**88**	**135**
其中：女性 Of which: Female	43	8	9	14	6	3	3
中国科学院 CAS	293	69	53	57	57	34	23
高等院校 Institutions of higher education	332	58	69	55	35	39	76
其他单位 Other institutions	125	16	6	20	32	15	36

注：1.另有 72 位中国科学院外籍院士。
Note: In addition, CAS has 72 foreign members.

2. 2004 年 6 月，生物学部更名为生命科学和医学学部，技术科学部划分为信息技术科学部、技术科学部。
In June 2004, Division of Biological Sciences changed its name into Division of Life Sciences and Medicine, while, Division of Technological Sciences was divided into Division of Information Technical Sciences and Division of Technological Sciences.

1-3　中国科学院院士年龄情况（2013 年）

Age Distribution of CAS Members：2013

单位：人　　　　　　　　　　　　　　　　　　　　　　　　（person）

	合计 Total	40～49 岁 Aged 40～49	50～59 岁 Aged 50～59	60～69 岁 Aged 60～69	70～79 岁 Aged 70～79	80～89 岁 Aged 80～89	90 岁以上 Aged 90
总计 Total	**750**	**29**	**126**	**77**	**255**	**201**	**62**
数学物理学部 Division of Mathematics and Physics	143	4	19	16	62	31	11
化学部 Division of Chemistry	128	7	28	14	27	42	10
生命科学和医学学部 Division of Life Sciences and Medicine	132	6	26	20	33	38	9
地学部 Division of Earth Sciences	124	5	18	11	51	32	7
信息技术科学部 Division of Information Technical Sciences	88	3	16	4	38	21	6
技术科学部 Division of Technological Sciences	135	4	19	12	44	37	19

1-4 中国科学院学部咨询报告
Consultation Reports Submitted by CAS Academic Divisions

年份 Year	咨询报告和院士建议 Consultation reports and suggestions （篇）（Article）	学术和科普报告会 Academic and popular science meetings （场）（Time）
2000	29	16
2001	80	12
2002	21	27
2003	39	25
2004	49	93
2005	17	91
2006	34	115
2007	22	65
2008	40	49
2009	34	80
2010	22	78
2011	18	126
2012	33	148
2013	21	144

注：学部咨询报告和院士建议是根据国家需求，由学部组织或院士个人对国家重大科学技术问题提出的咨询意见和建议。

Note: The consultation reports and suggestions submitted by CAS Academic Divisions or its individual members are, in accordance with the nation’s demands, on the national major science and technology issues.

二、机　构

ORGANIZATIONS

2-1 院直属单位发展情况
Development of Units Directly under CAS

单位：个　　　　　　　　　　　　　　　　　　　　　　　　　　　　　　　　　　（unit）

年份 Year	院属事业单位 Institutions directly under CAS	科研机构 Research units	院直接投资的控股企业 CAS invested holding enterprises
1949	25	22	
1952	36	31	
1957	97	67	
1962	117	99	
1966	135	106	
1975	80	63	
1980	156	117	
1985	157	122	
1990	159	123	
1994	159	123	5
1995	161	124	5
1996	158	123	8
1997	157	123	10
1998	155	121	10
1999	149	115	8
2000	145	112	8
2001	120	94	18
2002	112	85	23
2003	116	89	23
2004	116	89	21
2005	115	90	21
2006	116	91	22
2007	116	91	24
2008	113	92	24
2009	117	97	24
2010	117	97	22
2011	118	98	22
2012	124	104	22
2013	124	104	21

2-2 院直属事业单位（2013 年）

Institutions Directly under CAS：2013

序号 No.	单位名称 Unit	序号 No.	单位名称 Unit
	合计: 124 个 Total: 124 units	13	地理科学与资源研究所 Inst. of Geographic Sciences and Natural Resources Research
	北京市: 47 个 Beijing: 47 units	14	青藏高原研究所 Inst. of Tibetan Plateau Research
1	数学与系统科学研究院 Academy of Mathematics and Systems Science	15	地质与地球物理研究所 Inst. of Geology and Geophysics
2	物理研究所 Inst. of Physics	16	古脊椎动物与古人类研究所 Inst. of Vertebrate Paleontology and Paleoanthropology
3	声学研究所 Inst. of Acoustics	17	大气物理研究所 Inst. of Atmospheric Physics
4	理论物理研究所 Inst. of Theoretical Physics	18	遥感与数字地球研究所 Inst. of Remote Sensing and Digital Earth
5	理化技术研究所 Technical Inst. of Physics and Chemistry	19	植物研究所 Inst. of Botany
6	高能物理研究所 Inst. of High Energy Physics	20	动物研究所 Inst. of Zoology
7	国家天文台 National Astronomical Observatories of China	21	心理研究所 Inst. of Psychology
8	力学研究所 Inst. of Mechanics	22	微生物研究所 Inst. of Microbiology
9	化学研究所 Inst. of Chemistry	23	生物物理研究所 Inst. of Biophysics
10	生态环境研究中心 Research Center for Eco-Environmental Sciences	24	遗传与发育生物学研究所 Inst. of Genetics and Developmental Biology
11	国家纳米科学中心 National Center for Nanoscience and Technology	25	北京基因组研究所 Beijing Inst. of Genomics
12	过程工程研究所 Inst. of Process Engineering	26	计算技术研究所 Inst. of Computing Technology

续表 2-2

序号 No.	单位名称 Unit	序号 No.	单位名称 Unit
27	计算机网络信息中心 Computer Network Information Center	44	行政管理局 Bureau of Administration and Logistics
28	软件研究所 Inst. of Software	45	中国科学院大学 University of CAS
29	信息工程研究所 Inst. of Information Engineering	46	文献情报中心 Documentation and Information Center
30	半导体研究所 Inst. of Semiconductors	47	中国科学报社 China Science Daily
31	微电子研究所 Inst. of Microelectronics		天津市: 1 个 Tianjin: 1 unit
32	电子学研究所 Inst. of Electronics	48	天津工业生物技术研究所 Tianjin Inst. of Industrial Biotechnology
33	光电研究院 Academy of Opto-Electronics		山西省: 1 个 Shanxi Province: 1 unit
34	电工研究所 Inst. of Electrical Engineering	49	山西煤炭化学研究所 Shanxi Inst. of Coal Chemistry
35	工程热物理研究所 Inst. of Engineering Thermophysics		辽宁省: 5 个 Liaoning Province: 5 units
36	空间科学与应用研究中心 Center for Space Science and Applied Research	50	大连化学物理研究所 Dalian Inst. of Chemical Physics
37	空间应用工程与技术中心 Technology and Engineering Center for Space Utilization	51	沈阳应用生态研究所 Shenyang Inst. of Applied Ecology
38	自动化研究所 Inst. of Automation	52	沈阳自动化研究所 Shenyang Inst. of Automation
39	对地观测与数字地球科学中心 Center for Earth Observation and Digital Earth	53	金属研究所 Inst. of Metal Research
40	自然科学史研究所 Inst. of History of Natural Sciences	54	沈阳分院 Shenyang Branch
41	科技政策与管理科学研究所 Inst. of Policy and Management		吉林省: 4 个 Jilin Province: 4 units
42	北京综合研究中心 Beijing Advanced Sciences and Innovation Centre	55	长春应用化学研究所 Changchun Inst. of Applied Chemistry
43	中国科学院机关 CAS Head Office	56	东北地理与农业生态研究所 Northeast Inst. of Geography and Agroecology

续表 2-2

序号 No.	单位名称 Unit	序号 No.	单位名称 Unit
57	长春光学精密机械与物理研究所 Changchun Inst. of Optics，Fine Mechanics and Physics		江苏省: 7 个 Jiangsu Province: 7 units
58	长春分院 Changchun Branch	71	紫金山天文台 Purple Mountain Observatory
	上海市: 11 个 Shanghai: 11 units	72	南京地理与湖泊研究所 Nanjing Inst. of Geography and Limnology
59	上海应用物理研究所 Shanghai Inst. of Applied Physics	73	南京地质古生物研究所 Nanjing Inst. of Geology and Palaeontology
60	上海天文台 Shanghai Observatory	74	南京土壤研究所 Nanjing Inst. of Soil Science
61	上海硅酸盐研究所 Shanghai Inst. of Ceramics	75	苏州纳米技术与纳米仿生研究所 Suzhou Inst. of Nano-Tech and Nano-Bionics
62	上海有机化学研究所 Shanghai Inst. of Organic Chemistry	76	苏州生物医学工程技术研究所 Suzhou Inst. of Biomedical Engineering and Technology
63	上海生命科学研究院 Shanghai Institutes for Biological Sciences	77	南京分院 Nanjing Branch
64	上海微系统与信息技术研究所 Shanghai Inst. of Microsystem and Information Technology		安徽省: 2 个 Anhui Province: 2 units
65	上海光学精密机械研究所 Shanghai Inst. of Optics and Fine Mechanics	78	合肥物质科学研究院 Hefei Institutes of Physical Sciences
66	上海技术物理研究所 Shanghai Inst. of Technical Physics	79	中国科学技术大学 University of Science and Technology of China
67	上海药物研究所 Shanghai Inst. of Materia Medica		福建省: 2 个 Fujian Province: 2 units
68	上海高等研究院 Shanghai Advanced Research Institute	80	福建物质结构研究所 Fujian Inst. of Research on the Structure of Matter
69	上海分院 Shanghai Branch	81	城市环境研究所 Inst. of Urban Environment
	浙江省: 1 个 Zhejiang Province: 1 unit		江西省: 1 个 Jiangxi Province: 1 unit
70	宁波材料技术与工程研究所 Ningbo Inst. of Material Technology and Engineering	82	庐山疗养院 Lushan Sanatorium

续表 2-2

序号 No.	单位名称 Unit	序号 No.	单位名称 Unit
	山东省: 4 个 Shandong Province: 4 units	95	广州地球化学研究所 Guangzhou Inst. of Geochemistry
83	海洋研究所 Inst. of Oceanology	96	南海海洋研究所 South China Sea Inst. of Oceanology
84	青岛疗养院 Qingdao Sanatorium	97	华南植物园 South China Botanical Garden
85	青岛生物能源与过程研究所 Qingdao Inst. of Bioenergy and Bioprocess Technology	98	广州能源研究所 Guangzhou Inst. of Energy Conversion
86	烟台海岸带研究所 Yantai Inst. of Coastal Zone Research	99	广州生物医药与健康研究院 Guangzhou Institutes of Biomedicine and Health
	湖北省: 7 个 Hubei Province: 7 units	100	深圳先进技术研究院 Shenzhen Institutes of Advanced Technology
87	武汉物理与数学研究所 Wuhan Inst. of Physics and Mathematics	101	广州分院 Guangzhou Branch
88	武汉岩土力学研究所 Wuhan Inst. of Rock and Soil Mechanics		四川省: 4 个 Sichuan Province: 4 units
89	测量与地球物理研究所 Inst. of Geodesy and Geophysics	102	成都山地灾害与环境研究所 Chengdu Inst. of Mountain Hazards and Environment
90	武汉植物园 Wuhan Botanical Garden	103	成都生物研究所 Chengdu Inst. of Biology
91	水生生物研究所 Inst. of Hydrobiology	104	光电技术研究所 Inst. of Optics and Electronics
92	武汉病毒研究所 Wuhan Inst. of Virology	105	成都分院 Chengdu Branch
93	武汉分院 Wuhan Branch		重庆市: 1 个 Chongqing: 1 unit
	湖南省: 1 个 Hunan Province:1 unit	106	重庆绿色智能技术研究院 Chongqing Inst. of Green and Intelligent Technology
94	亚热带农业生态研究所 Inst. of Subtropical Agriculture		贵州省: 1 个 Guizhou Province: 1 unit
	广东省: 7 个 Guangdong Province: 7 units	107	地球化学研究所 Inst. of Geochemistry

续表 2-2

序号 No.	单位名称 Unit	序号 No.	单位名称 Unit
	云南省: 4 个 Yunnan Province: 4 units	116	近代物理研究所 Inst. of Modern Physics
108	昆明植物研究所 Kunming Inst. of Botany	117	兰州化学物理研究所 Lanzhou Inst. of Chemical Physics
109	西双版纳热带植物园 Xishuangbanna Tropical Botanical Garden	118	寒区旱区环境与工程研究所 Cold and Arid Regions Environmental and Engineering Research Inst.
110	昆明动物研究所 Kunming Inst. of Zoology	119	兰州分院 Lanzhou Branch
111	昆明分院 Kunming Branch		青海省: 2 个 Qinghai Province: 2 units
	陕西省: 4 个 Shaanxi Province: 4 units	120	青海盐湖研究所 Qinghai Inst. of Saline Lakes
112	国家授时中心 National Time Service Center	121	西北高原生物研究所 Northwest Inst. of Plateau Biology
113	西安光学精密机械研究所 Xi'an Inst. of Optics and Precision Mechanics		新疆维吾尔自治区: 3 个 Xinjiang Uygur Autonomous Region: 3 units
114	地球环境研究所 Inst. of Earth Environment	122	新疆理化技术研究所 Xinjiang Technical Inst. of Physics and Chemistry
115	西安分院 Xi'an Branch	123	新疆生态与地理研究所 Xinjiang Inst. of Ecology and Geography
	甘肃省: 4 个 Gansu Province: 4 units	124	新疆分院 Xinjiang Branch

注: Inst.—Institute. R&D—Research and Development.

2-3 院直接投资的控股企业（2013 年）

CAS Invested Holding Enterprises: 2013

序号 No.	单位名称 Unit
	合计: 21 个 Total: 21 units
	北京市: 12 个 Beijing: 12 units
1	中国科学院国有资产经营有限责任公司 CAS Holdings Co., Ltd.
2	联想控股有限公司 Legend Holdings Co., Ltd.
3	中科实业集团（控股）有限公司 China Sciences Holdings Co., Ltd.
4	东方科学仪器进出口集团有限公司 Oriental Scientific Instrument Import & Export Group Co., Ltd.
5	中国科技出版传媒集团有限公司 China Science Publishing & Media Ltd.
6	中国科技产业投资管理有限公司 China S&T Industry Investment Management Co.,Ltd.
7	北京中科科仪股份有限公司 KYKY Technology Co., Ltd.
8	北京中科院软件中心有限公司 CAS Beijing Software Co., Ltd.
9	中科院建筑设计研究院有限公司 CAS Architectural Design Institute Co., Ltd.
10	北京中科资源有限公司 CAS Beijing Resources Co., Ltd.
11	中科院科技服务有限公司 CAS S&T Service Co., Ltd.
12	国科嘉和（北京）投资管理有限公司 CASH Capital (Beijing) Investment Management Co.,Ltd.
	上海市: 1 个 Shanghai: 1 unit

续表 2-3

序号 No.	单位名称 Unit
13	上海碧科清洁能源技术有限公司 Shanghai Bi Ke Clean Energy Technology Co., Ltd.
	辽宁省: 2 个 Liaoning Province : 2 units
14	中国科学院沈阳计算技术研究所有限公司 CAS Shenyang Institute of Computing Technology Co., Ltd.
15	中国科学院沈阳科学仪器股份有限公司 CAS Shenyang Scientific Instrument Co., Ltd.
	江苏省: 1 个 Jiangsu Province: 1 unit
16	中科院南京天文仪器有限公司 CAS Nanjing Astronomical Instruments Co., Ltd.
	四川省: 2 个 Sichuan Province: 2 units
17	中国科学院成都有机化学有限公司 CAS Chengdu Organic Chemistry Co., Ltd.
18	中科院成都信息技术股份有限公司 Chengdu Information Technology of CAS Co., Ltd.
	广东省: 3 个 Guangdong Province: 3 units
19	中科院广州化学有限公司 CAS Guangzhou Chemistry Co., Ltd.
20	中科院广州电子技术有限公司 CAS Guangzhou Electronics Technology Co., Ltd.
21	深圳中科院知识产权投资有限公司 CAS Shenzhen Intellectual Property Investment Co., Ltd.

主要统计指标解释

1. 院直属单位

院直属单位指经国家正式批准的院直属独立核算单位。独立核算单位的条件是：行政上是具有独立法人资格的单位；财务上独立核算盈亏，独立编制资金平衡表或财务预算、决算表；有权与其他单位签订合同。

2. 事业单位

事业单位指以社会公益为目的，利用国有资产从事科研、服务、教育等活动的院直属具有法人资格的组织。

3. 企业单位

企业单位指院直属从事商品生产、流通、经营和服务性经济活动，以营利为目的并在工商行政管理部门登记的独立核算单位。

Explanatory Notes on Key Indicators

1. Units directly under CAS

This refers to the independent accounting units directly under the jurisdiction of the CAS, which are established on the formal approval of the State. Independent accounting units should enjoy corporate status, assume sole responsibility for their profits or losses, compile independently their financial balance sheets or financial budgets and final accounts, have the right to sign contracts with other organizations and establish their own bank accounts.

2. Institutions

This refers to those units of corporate capacity under CAS, aiming at improving the social welfare, and utilizing the state-owned assets and resources to engage in activities such as scientific research, services, and education.

3. Enterprises

This refers to CAS independent accounting units, which are engaged in the commodity production, circulation and business activities as well as service activities with the aim of making profits and are registered in industrial and commercial administrative departments.

三、人　员

PERSONNEL

3-1 事业单位在职职工分类情况

Classification of CAS Regular Staff

单位：人　　　　（person）

年份 Year	总计 Total	其中：女性 Of which: Female	干部 Cadres						工人 Workers
			合计 Total	专业技术人员 Professional and technical staff				行政管理人员 Adminis-trative staff	
				小计 Subtotal	高级 Senior	中级 Middle level	初级及未定 Junior and others		
1949	575		416	345	122	112	82	71	159
1950	1063		789	562	165	206	141	227	274
1951	1494		1105	811	220	290	228	294	389
1952	5239		3014	1967	351	405	754	1047	2225
1953	7262		4382	2776	391	470	1309	1606	2880
1954	7043		4745	3296	413	493	1560	1449	2298
1955	7978		5817	4152	488	536	1953	1665	2161
1956	14209		11336	8476	731	815	3735	2860	2873
1957	17294		13347	10566	753	931	4750	2781	3947
1958	34049		21558	14979	752	938	5770	6579	12491
1959	45769		32421	20022	680	847	7103	12399	13348
1960	57976		37505	23898	736	1137	9316	13607	20471
1961	40957		28586	19128	590	1219	9794	9458	12371
1962	42143		32285	23179	623	2113	13198	9106	9858
1963	46198		35355	25264	640	2354	14866	10091	10843
1964	52775		39969	28822	696	2719	16634	11147	12806
1965	60258		44341	30835	688	2874	18375	13506	15917
1966	61681		44900	31109	693	2973	18644	13791	16781
1973	35157		24911	16407	414	1768	11289	8504	10246
1974	36635		25944	17242	408	1764	11907	8702	10691
1975	48716		33134	20749	505	1874	14675	12385	15582
1976	51824		34736	19915	429	1903	15496	14821	17088
1977	54756		36811	20592	413	1894	17357	16219	17945
1978	79755		52045	38189	1261	10380	19253	13856	27710
1979	83488	28544	55076	43058	2238	21411	19409	12018	28412
1980	84497	28897	55813	44098	2737	22795	18566	11715	28684
1981	76644	26319	50026	40239	2724	22016	15499	9787	26618
1982	78109	26728	52092	42931	3076	25267	14588	9161	26017
1983	78439	26786	52610	44295	3283	26014	14998	8315	25829
1984	80792			44850	3204		16120	9249	26693
1985	81501			46056	3491		17371	9145	26300
1986	82326	28484	57363	49865	8358	22716	18791	7498	24963

续表 3-1

年份 Year	总计 Total	其中: 女性 Of which: Female	干部 Cadres						工人 Workers
			合计 Total	专业技术人员 Professional and technical staff				行政管理人员 Adminis-trative staff	
				小计 Subtotal	高级 Senior	中级 Middle level	初级及未定 Junior and others		
1987	82721	28624	59667	52628	10638	23138	18852	7039	23054
1988	83969	29248	62328	55910	12010	24413	19487	6418	21641
1989	84287	29157	63499	57550	13280	24328	19942	5949	20788
1990	84848	29031	64554	59028	14574	25043	19411	5526	20294
1991	84909	29088	65179	59800	14810	24621	20369	5379	19730
1992	83909	28638	64592	59387	15612	24714	19061	5205	19317
1993	81456	27645	62930	57878	16735	24468	16675	5052	18526
1994	78295	26462	60443	55565	17267	23649	14649	4878	17852
1995	75039	25314	58021	52992	17774	22446	12772	5029	17018
1996	71763	24224	55523	47789	16712	19842	11235	7734	16240
1997	68292	23073	52721	45124	16618	18397	10109	7597	15571
1998	65003	21980	49983	42693	16031	17169	9493	7290	15020
1999	61681	20612	47264	40175	15031	15992	9152	7089	14417
2000	58683	19472	44991	38319	14542	15135	8642	6672	13692
2001	54972	18027	42601	36343	14091	13991	8261	6258	12371
2002	45561	14859	35973	30596	13081	11429	6086	5377	9588
2003	43760	14250	34673	29387	12736	10771	5880	5286	9087
2004	43162	13918	34611	29474	13058	10852	5564	5137	8551
2005	43140	13770	34923	29932	13119	11180	5633	4991	8217
2006	43446	13812	35791	30677	13532	11601	5544	5114	7655
2007	43817	13907	36648	31479	13639	12298	5542	5169	7169
2008	50340	16381	43082	37623	14772	13903	8948	5459	7258
2009	54574	17771	47486	41992	16271	15514	10207	5494	7088
2010	57849	19057	50863	45427	17649	17108	10670	5436	6986
2011	60683	20209	53934	48425	19050	18650	10725	5509	6749
2012	64672	21783	58263	52550	21060	19905	11585	5713	6409
2013	67870	23034	61824	56093	22668	20882	12543	5731	6046

注: 1. 1949～1978 年专业技术人员中，高级、中级、初级仅包括科研人员和高校教学人员，因此专业技术人员小计>高级+中级+初级。

Note: The data of senior, middle level and junior in the category of professional and technical staff from 1949 to 1978 only include research and technical people and teaching staff in the universities. Therefore, the total number of professional and technical staff is more than that of the senior, middle and junior level.

2. 1967～1972 年全院职工分类无统计数据。女性职工 1949～1978 年无统计数据。
The statistical data for female staff from 1949 to 1978 and that for the total CAS staff from 1967 to 1972 are not available.

3. 自 2002 年起，在职职工人数的统计范围仅指院属事业单位在编职工。
Since 2002, the number of regular staff only refers to all the regular staff of CAS institutions.

4. 自 2008 年起，事业单位在职职工人数的统计范围是指院属事业单位在编职工和项目聘用人员。
Since 2008, the number of regular staff includes both the regular staff of all CAS institutions and the staff by project contract.

3-2 事业单位在职职工及

CAS Regular Staff and

单位：人

系统及单位 System and unit	在职职工总计 Regular staff total	其中:女性 Of which: Female
总计 **Total**	**67870**	**23034**
一、按系统分 By system		
（一）科研机构 Research units		
数学、物理 Mathematics & physics	12381	3622
化学与化工 Chemistry & chemical engineering	8013	2729
地学 Earth sciences	7695	2437
生物学 Biological sciences	11616	5192
技术科学 Technological sciences	19694	5683
其他 Others	264	103
（二）学校及公共支撑机构 Universities and public supporting organizations		
技术支撑 Supporting organizations	738	283
学校 Universities	3722	1220
文献情报、新闻出版 Documentation,information & publication	877	485
服务与福利 Service & welfare	1560	835
（三）管理机构 Management organizations		
中国科学院本部 CAS Headquarters	505	168
地区管理部门 CAS Branches	805	277

离退休人员情况（2013 年）

Retired Personnel: 2013

(person)

干部 Cadres							工人 Workers	离、退休人员总数 Total retired personnel
合计 Total	专业技术人员 Professional and technical staff					行政管理人员 Administrative staff		
	小计 Subtotal	高级 Senior	其中：正高级 Of which: Full professorship	中级 Middle level	初级及未定 Junior and others			
61824	**56093**	**22668**	**8380**	**20882**	**12543**	**5731**	**6046**	**46091**
11184	10262	4420	1586	3560	2282	922	1197	8986
7448	6973	3050	1060	2536	1387	475	565	5907
7307	6601	3087	1306	2542	972	706	388	5064
10932	10004	3669	1567	4076	2259	928	684	6797
17900	16734	6189	1955	6207	4338	1166	1794	13151
261	223	123	49	88	12	38	3	117
736	715	165	18	275	275	21	2	46
3321	2861	1566	712	1086	209	460	401	2559
847	750	218	60	285	247	97	30	474
752	638	23	2	84	531	114	808	916
499	87	58	31	29		412	6	712
637	245	100	34	114	31	392	168	1362

系统及单位 System and unit	在职职工 总计 Regular staff total	其中: 女性 Of which: Female
二、按单位分 By unit		
北京市 Beijing		
数学与系统科学研究院 Academy of Mathematics and Systems Science	367	108
物理研究所 Inst. of Physics	513	156
声学研究所 Inst. of Acoustics	812	222
理论物理研究所 Inst. of Theoretical Physics	58	18
理化技术研究所 Technical Inst. of Physics and Chemistry	498	159
高能物理研究所 Inst. of High Energy Physics	1508	489
北京综合研究中心 Beijing Advanced Sciences and Innovation Centre	53	22
国家天文台 National Astronomical Observatories of China	1220	352
力学研究所 Inst. of Mechanics	494	138
化学研究所 Inst. of Chemistry	627	278
生态环境研究中心 Research Center for Eco-Environmental Sciences	402	156
国家纳米科学中心 National Center for Nanoscience and Technology	233	101
过程工程研究所 Inst. of Process Engineering	561	229
地理科学与资源研究所 Inst. of Geographic Sciences and Natural Resources Research	767	264
遥感与数字地球研究所 Inst. of Remote Sensing and Digital Earth	375	132
对地观测与数字地球科学中心 Center for Earth Observation and Digital Earth	323	105
地质与地球物理研究所 Inst. of Geology and Geophysics	753	193

干部 Cadres							工人 Workers	离、退休人员总数 Total retired personnel
合计 Total	专业技术人员 Professional and technical staff					行政管理人员 Administrative staff		
	小计 Subtotal	高级 Senior	其中：正高级 Of which: Full professorship	中级 Middle level	初级及未定 Junior and others			
357	292	188	124	102	2	65	10	320
469	417	314	133	65	38	52	44	534
773	726	362	103	260	104	47	39	604
58	49	34	27	8	7	9		41
469	431	217	77	174	40	38	29	432
1354	1249	535	167	438	276	105	154	1228
53	3	1	1		2	50		
1103	1017	466	171	354	197	86	117	604
449	419	228	67	136	55	30	45	498
604	584	330	101	168	86	20	23	547
391	367	171	66	167	29	24	11	331
233	211	92	39	97	22	22		1
544	499	255	60	189	55	45	17	337
733	685	266	145	240	179	48	34	557
363	336	133	46	168	35	27	12	115
313	279	133	49	120	26	34	10	75
705	628	303	138	266	59	77	48	617

系统及单位 System and unit	在职职工 总计 Regular staff total	其中: 女性 Of which: Female
青藏高原研究所 Inst. of Tibetan Plateau Research	258	83
古脊椎动物与古人类研究所 Inst. of Vertebrate Paleontology and Paleoanthropology	155	56
大气物理研究所 Inst. of Atmospheric Physics	518	206
植物研究所 Inst. of Botany	692	320
动物研究所 Inst. of Zoology	419	197
心理研究所 Inst. of Psychology	196	109
微生物研究所 Inst. of Microbiology	500	277
生物物理研究所 Inst. of Biophysics	566	308
遗传与发育生物学研究所 Inst. of Genetics and Developmental Biology	587	270
北京基因组研究所 Beijing Inst. of Genomics	292	160
计算技术研究所 Inst. of Computing Technology	699	221
软件研究所 Inst. of Software	539	211
半导体研究所 Inst. of Semiconductors	703	232
微电子研究所 Inst. of Microelectronics	986	330
电子学研究所 Inst. of Electronics	967	303
光电研究院 Academy of Opto-Electronics	323	114
自动化研究所 Inst. of Automation	752	235
电工研究所 Inst. of Electrical Engineering	450	124

续表 3-2

干部 Cadres							工人 Workers	离、退休人员总数 Total retired personnel
合计 Total	专业技术人员 Professional and technical staff					行政管理人员 Adminis-trative staff		
	小计 Subtotal	高级 Senior	其中：正高级 Of which: Full professorship	中级 Middle level	初级及未定 Junior and others			
258	239	104	37	74	61	19		2
155	142	87	35	40	15	13		146
497	469	240	89	205	24	28	21	318
646	596	229	89	312	55	50	46	517
403	370	156	74	177	37	33	16	358
193	168	95	39	70	3	25	3	102
485	450	178	75	211	61	35	15	330
553	500	218	84	209	73	53	13	477
562	490	204	83	237	49	72	25	458
283	257	49	22	108	100	26	9	
663	636	267	68	276	93	27	36	958
524	482	165	61	194	123	42	15	233
631	594	238	112	207	149	37	72	625
917	876	281	75	359	236	41	69	580
940	911	249	72	394	268	29	27	780
317	294	88	34	110	96	23	6	3
731	707	282	84	271	154	24	21	305
423	393	161	47	173	59	30	27	381

系统及单位 System and unit	在职职工 总计 Regular staff total	其中: 女性 Of which: Female
工程热物理研究所 Inst. of Engineering Thermophysics	413	108
空间科学与应用研究中心 Center for Space Science and Applied Research	684	242
空间应用工程与技术中心 Technology and Engineering Center for Space Utilization	219	86
自然科学史研究所 Inst. of History of Natural Sciences	119	49
科技政策与管理科学研究所 Inst. of Science Policy and Management	145	54
中国科学院大学 University of CAS	796	360
信息工程研究所 Inst. of Information Engineering	339	116
计算机网络信息中心 Computer Network Information Center	738	283
文献情报中心 Documentation and Information Center	698	389
中国科学报社 China Science Daily	179	96
行政管理局 Bureau of Administration and Logistics	1525	824
中国科学院本部 CAS Headquarters	505	168
天津市 Tianjin		
天津工业生物技术研究所 Tianjin Inst. of Industrial Biotechnology	204	113
山西省 Shanxi Province		
山西煤炭化学研究所 Shanxi Inst. of Coal Chemistry	580	187
辽宁省、山东省 Liaoning and Shandong Provinces		
大连化学物理研究所 Dalian Inst. of Chemical Physics	1220	439

续表 3-2

干部 Cadres							工人 Workers	离、退休人员总数 Total retired personnel
合计 Total	专业技术人员 Professional and technical staff					行政管理人员 Administrative staff		
	小计 Subtotal	高级 Senior	其中：正高级 Of which: Full professorship	中级 Middle level	初级及未定 Junior and others			
406	378	122	35	188	68	28	7	139
666	629	279	52	252	98	37	18	472
213	195	99	26	53	43	18	6	11
116	100	49	20	42	9	16	3	70
145	123	74	29	46	3	22		47
746	543	344	146	164	35	203	50	549
339	319	112	40	110	97	20		
736	715	165	18	275	275	21	2	46
673	607	188	55	237	182	66	25	465
174	143	30	5	48	65	31	5	9
740	637	23	2	83	531	103	785	885
499	87	58	31	29		412	6	712
204	169	35	23	45	89	35		
504	452	183	58	176	93	52	76	498
1146	1107	543	155	343	221	39	74	908

系统及单位 System and unit	在职职工 总计 Regular staff total	其中: 女性 Of which: Female
沈阳应用生态研究所 Shenyang Inst. of Applied Ecology	415	164
沈阳自动化研究所 Shenyang Inst. of Automation	952	124
金属研究所 Inst. of Metal Research	1408	386
海洋研究所 Inst. of Oceanology	694	188
烟台海岸带研究所 Yantai Inst. of Coastal Zone Research	184	73
青岛生物能源与过程研究所 Qingdao Inst. of Bioenergy and Bioprocess Technology	368	105
青岛疗养院 Qingdao Sanatorium	9	4
沈阳分院 Shenyang Branch	41	12
吉林省 Jilin Province		
长春应用化学研究所 Changchun Inst. of Applied Chemistry	909	253
东北地理与农业生态研究所 Northeast Inst. of Geography and Agroecology	408	129
长春光学精密机械与物理研究所 Changchun Inst. of Optics，Fine Mechanics and Physics	2408	509
长春分院 Changchun Branch	49	19
上海市、福建省、浙江省 Shanghai, Fujian and Zhejiang Provinces		
上海应用物理研究所 Shanghai Inst. of Applied Physics	1215	357
上海天文台 Shanghai Observatory	263	87
上海硅酸盐研究所 Shanghai Inst. of Ceramics	700	195
上海有机化学研究所 Shanghai Inst. of Organic Chemistry	580	214

续表 3-2

干部 Cadres							工人 Workers	离、退休人员总数 Total retired personnel
合计 Total	专业技术人员 Professional and technical staff					行政管理人员 Administrative staff		
	小计 Subtotal	高级 Senior	其中：正高级 Of which: Full professorship	中级 Middle level	初级及未定 Junior and others			
386	353	169	68	136	48	33	29	367
808	731	326	93	277	128	77	144	512
1141	1070	417	140	349	304	71	267	837
629	580	238	99	243	99	49	65	678
181	166	63	27	81	22	15	3	
362	337	89	31	173	75	25	6	
2	1			1		1	7	3
35	12	8	3	3	1	23	6	87
800	743	287	126	382	74	57	109	796
380	330	167	72	110	53	50	28	242
2114	2075	877	233	762	436	39	294	2798
45	26	14	4	12		19	4	51
1096	1069	303	111	399	367	27	119	813
247	226	117	57	83	26	21	16	271
587	542	275	97	192	75	45	113	686
529	507	249	72	236	22	22	51	798

系统及单位 System and unit	在职职工 总计 Regular staff total	其中: 女性 Of which: Female
上海药物研究所 Shanghai Inst. of Materia Medica	752	402
上海生命科学研究院 Shanghai Institutes for Biological Sciences	2144	1071
上海微系统与信息技术研究所 Shanghai Inst. of Microsystem and Information Technology	817	246
上海光学精密机械研究所 Shanghai Inst. of Optics and Fine Mechanics	878	250
上海技术物理研究所 Shanghai Inst. of Technical Physics	880	269
上海高等研究院 Shanghai Advanced Research Institute	489	152
福建物质结构研究所 Fujian Inst. of Research on the Structure of Matter	702	209
城市环境研究所 Inst. of Urban Environment	175	58
宁波材料技术与工程研究所 Ningbo Inst. of Material Technology and Engineering	625	201
上海分院 Shanghai Branch	97	20
江苏省 Jiangsu Province		
紫金山天文台 Purple Mountain Observatory	324	84
南京地理与湖泊研究所 Nanjing Inst. of Geography and Limnology	234	64
南京地质古生物研究所 Nanjing Inst. of Geology and Palaeontology	190	65
南京土壤研究所 Nanjing Inst. of Soil Science	312	86
苏州纳米技术与纳米仿生研究所 Suzhou Inst. of Nano-Tech and Nano-bionics	522	161
苏州生物医学工程技术研究所 Suzhou Inst. of Biomedical Engineering and Technology	272	55
南京分院 Nanjing Branch	28	9

续表 3-2

干部 Cadres							工人 Workers	离、退休人员总数 Total retired personnel
合计 Total	专业技术人员 Professional and technical staff					行政管理人员 Administrative staff		
	小计 Subtotal	高级 Senior	其中：正高级 Of which: Full professorship	中级 Middle level	初级及未定 Junior and others			
713	661	211	98	251	199	52	39	377
2014	1879	671	322	766	442	135	130	1464
714	671	183	81	212	276	43	103	773
757	699	296	94	246	157	58	121	869
822	768	334	143	246	188	54	58	666
488	437	134	56	207	96	51	1	1
685	657	180	84	223	254	28	17	345
175	150	59	28	52	39	25		
617	555	161	60	128	266	62	8	2
66	22	6	1	15	1	44	31	233
292	266	107	54	83	76	26	32	288
221	206	118	43	84	4	15	13	170
179	168	98	38	56	14	11	11	224
293	276	140	59	126	10	17	19	321
522	487	158	73	142	187	35		
270	269	51	24	82	136	1	2	
26	8	4	3		4	18	2	50

系统及单位 System and unit	在职职工 总计 Regular staff total	其中: 女性 Of which: Female
安徽省 Anhui Province		
合肥物质科学研究院 Hefei Institutes of Physical Sciences	2289	668
中国科学技术大学 University of Science and Technology of China	2926	860
江西省 Jiangxi Province		
庐山疗养院 Lushan Sanatorium	26	7
湖北省 Hubei Province		
武汉物理与数学研究所 Wuhan Inst. of Physics and Mathematics	493	126
武汉岩土力学研究所 Wuhan Inst. of Rock and Soil Mechanics	499	107
测量与地球物理研究所 Inst. of Geodesy and Geophysics	154	42
武汉植物园 Wuhan Botanical Garden	285	110
水生生物研究所 Inst. of Hydrobiology	367	128
武汉病毒研究所 Wuhan Inst. of Virology	286	140
武汉分院 Wuhan Branch	81	24
广东省、湖南省 Guangdong and Hunan Provinces		
广州地球化学研究所 Guangzhou Inst. of Geochemistry	349	120
南海海洋研究所 South China Sea Inst. of Oceanology	542	161
华南植物园 South China Botanical Garden	440	183

续表 3-2

干部 Cadres							工人 Workers	离、退休人员总数 Total retired personnel
合计 Total	专业技术人员 Professional and technical staff					行政管理人员 Administrative staff		
	小计 Subtotal	高级 Senior	其中：正高级 Of which: Full professorship	中级 Middle level	初级及未定 Junior and others			
2018	1859	768	255	705	386	159	271	1476
2575	2318	1222	566	922	174	257	351	2010
10						10	16	28
466	420	165	55	169	86	46	27	328
429	406	137	44	85	184	23	70	349
143	114	70	30	32	12	29	11	78
255	233	92	34	91	50	22	30	122
340	308	137	62	110	61	32	27	240
277	245	79	37	92	74	32	9	156
64	7	2		5		57	17	170
337	284	171	64	106	7	53	12	320
515	469	221	90	180	68	46	27	412
371	331	136	58	108	87	40	69	323

系统及单位 System and unit	在职职工 总计 Regular staff total	其中: 女性 Of which: Female
广州生物医药与健康研究院 Guangzhou Institutes of Biomedicine and Health	411	174
广州能源研究所 Guangzhou Inst. of Energy Conversion	398	144
亚热带农业生态研究所 Inst. of Subtropical Agriculture	280	96
深圳先进技术研究院 Shenzhen Institutes of Advanced Technology	1035	372
广州分院 Guangzhou Branch	37	12
四川省、重庆市 Sichuan Province and Chongqing		
成都山地灾害与环境研究所 Chengdu Inst. of Mountain Hazards and Environment	287	90
成都生物研究所 Chengdu Inst. of Biology	331	118
光电技术研究所 Inst. of Optics and Electronics	1254	324
重庆绿色智能技术研究院 Chongqing Inst. of Green and Intelligent Technology	297	82
成都分院 Chengdu Branch	91	30
云南省、贵州省 Yunnan and Guizhou Provinces		
地球化学研究所 Inst. of Geochemistry	407	127
昆明植物研究所 Kunming Inst. of Botany	519	217
西双版纳热带植物园 Xishuangbanna Tropical Botanical Garden	361	126
昆明动物研究所 Kunming Inst. of Zoology	413	199
昆明分院 Kunming Branch	47	17

续表 3-2

干部 Cadres							工人 Workers	离、退休人员总数 Total retired personnel
合计 Total	专业技术人员 Professional and technical staff					行政管理人员 Administrative staff		
	小计 Subtotal	高级 Senior	其中：正高级 Of which: Full professorship	中级 Middle level	初级及未定 Junior and others			
394	367	69	42	130	168	27	17	1
371	351	130	39	148	73	20	27	153
247	236	81	30	77	78	11	33	85
1035	862	155	80	229	478	173		
34	15	8	6	3	4	19	3	43
277	238	105	46	95	38	39	10	228
316	276	146	49	107	23	40	15	303
937	893	355	62	340	198	44	317	1292
285	254	72	34	97	85	31	12	
74	29	10	5	15	4	45	17	204
385	329	178	73	94	57	56	22	261
501	460	174	63	145	141	41	18	253
326	276	86	34	128	62	50	35	247
348	325	84	31	118	123	23	65	152
41	4	4	3			37	6	62

系统及单位 System and unit	在职职工 总计 Regular staff total	其中: 女性 Of which: Female
陕西省 Shaanxi Province		
地球环境研究所 Inst. of Earth Environment	133	37
西安光学精密机械研究所 Xi'an Inst. of Optics and Precision Mechanics	856	197
国家授时中心 National Time Service Center	474	142
西安分院 Xi'an Branch	48	15
甘肃省、青海省 Gansu and Qinghai Provinces		
近代物理研究所 Inst. of Modern Physics	891	214
兰州化学物理研究所 Lanzhou Inst. of Chemical Physics	718	218
寒区旱区环境与工程研究所 Cold and Arid Regions Environmental and Engineering Research Inst.	672	179
青海盐湖研究所 Qinghai Inst. of Saline Lakes	259	89
西北高原生物研究所 Northwest Inst. of Plateau Biology	204	64
兰州分院 Lanzhou Branch	189	86
新疆维吾尔自治区 Xinjiang Uygur Autonomous Region		
新疆理化技术研究所 Xinjiang Technical Inst. of Physics and Chemistry	410	173
新疆生态与地理研究所 Xinjiang Inst. of Ecology and Geography	440	170
新疆分院 Xinjiang Branch	97	33

续表 3-2

干部 Cadres							工人 Workers	离、退休人员总数 Total retired personnel
合计 Total	专业技术人员 Professional and technical staff					行政管理人员 Administrative staff		
	小计 Subtotal	高级 Senior	其中：正高级 Of which: Full professorship	中级 Middle level	初级及未定 Junior and others			
133	122	62	35	28	32	11		12
728	675	273	85	259	143	53	128	686
337	284	82	27	118	84	53	137	436
47	14	10	4	3	1	33	1	39
851	785	258	73	241	286	66	40	587
668	610	251	101	172	187	58	50	402
624	569	250	103	243	76	55	48	484
235	207	76	28	49	82	28	24	258
190	172	90	36	67	15	18	14	144
143	86	28		49	9	57	46	218
363	344	138	40	140	66	19	47	177
417	377	154	68	145	78	40	23	200
62	22	6	5	9	7	40	35	205

3-3 事业单位在职职工年龄情况（2013 年）

Age Distribution of CAS Regular Staff: 2013

单位：人　　　　（person）

	合计 Total	30 岁及以下 Under 30	31～35 岁 31～35	36～40 岁 36～40	41～45 岁 41～45	46～50 岁 46～50	51～55 岁 51～55	56～60 岁 56～60	60 岁以上 60 and above
在职职工总数 Total regular staff	**67870**	**17793**	**16190**	**8736**	**6946**	**8708**	**5021**	**3937**	**539**
科研机构 Research units	59663	16305	14711	7606	5826	7335	4149	3240	491
学校及公共支撑机构 Universities and public supporting organizations	6897	1396	1288	976	927	1067	674	532	37
管理机构 Management organizations	1310	92	191	154	193	306	198	165	11
专业技术人员 Various kinds of professional staff	**56093**	**16194**	**14852**	**7763**	**5306**	**6358**	**3147**	**1958**	**515**
科研机构 Research units	50797	15131	13730	6932	4604	5524	2719	1682	475
学校及公共支撑机构 Universities and public supporting organizations	4964	1042	1070	791	656	733	383	254	35
管理机构 Management organizations	332	21	52	40	46	101	45	22	5
高级职称 Senior professionals	**22668**	**383**	**4798**	**5081**	**3729**	**4679**	**2138**	**1384**	**476**
科研机构 Research units	20538	378	4508	4658	3380	4158	1850	1167	439
学校及公共支撑机构 Universities and public supporting organizations	1972	5	278	407	330	458	258	204	32
管理机构 Management organizations	158		12	16	19	63	30	13	5
正高级 Full professorship	**8380**	**25**	**421**	**1293**	**1722**	**2652**	**1145**	**673**	**449**
科研机构 Research units	7523	22	353	1189	1590	2389	1000	568	412
学校及公共支撑机构 Universities and public supporting organizations	792	3	68	104	130	226	131	98	32
管理机构 Management organizations	65				2	37	14	7	5
中级职称 Middle level professionals	**20882**	**6267**	**8412**	**2280**	**1253**	**1382**	**795**	**477**	**16**
科研机构 Research units	19009	6065	7810	1947	957	1111	682	423	14
学校及公共支撑机构 Universities and public supporting organizations	1730	190	569	314	274	237	99	45	2
管理机构 Management organizations	143	12	33	19	22	34	14	9	

3-4 事业单位在职职工学位和学历情况（2013 年）

CAS Regular Staff, by Academic Degree and Qualification: 2013

单位：人　　　　(person)

	学位 Academic degrees			学历 Academic qualification				
	博士 Ph.D.	硕士 MS	学士 Bachelor	研究生 Post graduates	大学 University graduates	大专 Specialized higher school graduates	中专 Specialized secondary school graduates	其他 Others
总计 Total	**24453**	**17397**	**9588**	**41703**	**13571**	**5506**	**1494**	**5596**
科研机构 Research units	22616	15628	8185	38081	11275	4452	1241	4614
数学、物理 Mathematics & physics	4562	2835	1719	7400	2512	1047	351	1071
化学与化工 Chemistry & chemical engineering	3387	1759	1220	5132	1572	542	140	627
地学 Earth sciences	4004	1211	866	5245	1169	628	109	544
生物学 Biological sciences	4707	2972	1607	7657	2115	822	207	815
技术科学 Technological sciences	5805	6795	2749	12435	3871	1401	433	1554
其他 Others	151	56	24	212	36	12	1	3
学校及公共支撑机构 Universities and public supporting organizations	1631	1501	1175	3152	1831	880	211	823
管理机构 Management organizations	206	268	228	470	465	174	42	159

主要统计指标解释

1. 事业单位在职职工

指由本机构直接组织安排工作并支付工资的年末在册各类人员。不包括离、退休人员。

2. 专业技术人员

指聘任了专业技术职务或专业技术职务见习期内的人员。

高级：指研究员、副研究员；教授、副教授；高级工程师；高级农艺师；正、副主任医(药、护、技)师；高级实验师；高级统计师；高级经济师；高级会计师；正、副编审；正、副译审；高级（主任）记者；正、副研究馆员等。

中级：指助理研究员；讲师；工程师；农艺师；主治医（药、护、技）师；实验师；统计师；经济师；会计师；编辑；翻译；记者；馆员等。

初级：指研究实习员；助教；助理工程师、技术员；助理农艺师、农业技术员；医（药、护、技）师、医（药、护、技）士；助理实验师、实验员；助理统计师、统计员；助理经济师；助理会计师、会计员；助理编辑、见习编辑；助理翻译；助理记者；助理馆员、管理员等。

3. 离、退休人员总数

指历年由本机构离、退休，并在本机构领取离、退休费的人员。

4. 学位和学历

指由人事部门或干部部门根据国家有关规定，填报的本机构职工总数中人员的学位和学历情况（均指获得的最高学位和最高学历）。

Explanatory Notes on Key Indicators

1. Regular staff

Regular staff refers to persons who are on the year-end payroll, working directly under the management of an institution or unit and receiving remuneration for their work. The retired are not included.

2. Professional and technical staff

This refers to those who have acquired professional or technical titles or who are in the probation period of those titles.

Senior: research fellow and associate research fellow, professor and associate professor, senior engineer, senior agronomist, chief (and associate chief) physician (pharmacist, nurse and technician), senior laboratorian, senior statistician, senior economist, senior accountant, senior editor and associate senior editor, translation editor and associate translation editor, senior journalist, senior librarian and associate librarian, and so on.

Middle level: research associate, lecturer, engineer, agronomist, physician (pharmacist, nurse and technician) in charge, laboratorian, statistician, economist, accountant, editor, translator, journalist, librarian, and so on.

Junior: research assistant, teaching assistant, assistant engineer, technician, assistant agronomist, agrotechnician, physician (pharmacist, nurse and technician), assistant laboratorian, laboratory technician, assistant physician (pharmacist, nurse and technician), assistant statistician, statistical clerk, assistant economist, assistant accountant, accounting clerk, assistant editor, intership,assistant translator, assistant journalist, library assistant, library clerk, and so on.

3. Total retired personnel

Total retired personnel refers to the total number of staff who retired from CAS and draw their pension from CAS.

4. Academic degrees and qualifications

This heading reflects the basic status of academic degrees and qualifications of the staff in a particular institution or unit, compiled by the personnel department according to relevant state regulations, and only the highest academic degrees and qualifications are recorded.

四、经　费

FUNDS

4-1 事业单位总收入、支出情况

Total Income and Expenditure of CAS Institutions

单位: 万元　　(ten thousand yuan)

年份 Year	总收入 Total income	比上年增长（%） Percentage of increase to that of last year	总支出 Total expenditure	比上年增长（%） Percentage of increase to that of last year
1986	89572	—	87591	13
1987	101817	13.7	93382	6.6
1988	126570	24.3	104103	11.5
1989	131026	3.5	115530	11
1990	149252	13.9	132041	14.3
1991	151004	1.2	145579	10.3
1992	188906	25.1	191372	31.5
1993	240277	27.2	237560	24.1
1994	290668	21	277266	16.7
1995	322500	11	313395	13
1996	324959	0.8	330587	5.5
1997	408797	25.8	364661	10.3
1998	493598	20.7	367110	0.7
1999	545206	10.5	426170	16.1
2000	713798	30.9	572464	34.3
2001	806083	12.9	696939	21.7
2002	1007421	25	877392	25.9
2003	977810	-2.9	990997	13
2004	1221649	24.9	1115258	12.5
2005	1275183	4.4	1241790	11.3
2006	1455250	14.1	1310501	5.5
2007	1703971	17.1	1574835	20.2
2008	2115483	24.2	1837346	16.7
2009	2286105	8.1	2369638	29
2010	2661649	16.4	2675838	12.9
2011	3317606	24.6	3240279	21.1
2012	3912347	17.9	3694414	14
2013	4196918	7.3	4073447	10.3

注: 1. 表 4 以中国科学院财务决算口径统计。
Note: Table 4 is based on the specifications for CAS final financial accounts.

2. 1997 年起开始执行国家颁布的“科学事业单位财务制度”。
Since 1997, the “Financial System for Scientific Institutions” issued by the State has been implemented.

3. “总收入”不包括基本建设投资、教育事业费收入。
“The total income” does not include the investment of capital construction and education income.

4. 自 2001 年起，事业单位总收入和总支出中包括转制单位的财政补助收入及支出。
Since 2001, the total income and expenditure of CAS scientific institutions has included the financial subsidiary income and expenditure of these transfered institutions.

4-2 事业单位总

Total Income

单位：万元

系统及单位 System and unit	合计 Total	财政补助收入 Financial subsidiary income	拨入专款 Special funds allocated
总计 **Total**	**4196918**	**2225558**	**62882**
一、按系统分 By system			
（一）科研机构 Research units	3751003	1958056	56987
数学、物理 Mathematics & physics	812497	469317	18241
化学与化工 Chemistry & chemical engineering	507119	271996	3146
地学 Earth sciences	509930	294793	7926
生物学 Biological sciences	626505	371538	11686
技术科学 Technological sciences	1282279	541030	15685
其他 Others	12672	9383	304
（二）学校及公共支撑机构 Universities and public supporting organizations	330606	176757	2778
技术支撑 Technical supporting organizations	54610	16740	6
学校 Universities	204467	111248	1455
文献情报、新闻出版 Documentation information & publication	38436	25492	289
服务与福利 Service & welfare	33093	23277	1028
（三）管理机构 Management organizations	97473	73345	2927
中国科学院本部 CAS Headquarters	58780	46016	1493
地区管理部门 CAS Branches	38693	27329	1434
（四）其他 Others	17836	17400	190

收入情况（2013 年）
of CAS Institutions: 2013

(ten thousand yuan)

事业收入 Operating income					经营收入 Business income	其他收入 Other income
	科研收入 Scientific research income	技术收入 Technical income	试制产品收入 Income from trial-production of products	预算外资金收入 Income from non-budgetary funds		
1739841	**1431385**	**187846**	**90036**	**10428**	**54135**	**114501**
1603401	1321086	176014	90036	229	48902	83657
292737	268806	21737		215	18730	13473
206357	143504	52484	9501		5317	20304
190460	179367	9640		7	5004	11747
228473	184994	32927	64		1415	13393
682513	541570	59220	80471	7	18325	24727
2861	2845	7			111	13
134128	109173	11668		9300	1998	14946
36817	34414	1451				1047
83353	67395	6657		9300	1198	7213
11840	7364	1442			527	287
2118		2118			273	6398
2188	1125	164		899	3235	15778
917	917				1076	9278
1271	208	164		899	2159	6500
125						120

系统及单位 System and unit	合计 Total	财政补助收入 Financial subsidiary income	拨入专款 Special funds allocated
二、按科研单位分 By institute			
北京市 Beijing	1541771	809521	29574
数学与系统科学研究院 Academy of Mathematics and Systems Science	22462	16905	763
物理研究所 Inst. of Physics	59159	25920	1319
声学研究所 Inst. of Acoustics	78379	31112	3630
理论物理研究所 Inst. of Theoretical Physics	5226	3992	19
理化技术研究所 Technical Inst. of Physics and Chemistry	69506	31340	8237
高能物理研究所 Inst. of High Energy Physics	87460	60321	1612
国家天文台 National Astronomical Observatories of China	76935	44392	507
力学研究所 Inst. of Mechanics	35707	19536	569
化学研究所 Inst. of Chemistry	53100	30201	311
生态环境研究中心 Research Center for Eco-Environmental Sciences	42764	18333	619
国家纳米科学中心 National Center for Nanoscience and Technology	28374	22381	5
过程工程研究所 Inst. of Process Engineering	40928	23289	98
地理科学与资源研究所 Inst. of Geographic Sciences and Natural Resources Research	63326	29847	1419
青藏高原研究所 Inst. of Tibetan Plateau Research	13463	9868	66
遥感与数字地球研究所 Inst. of Remote Sensing and Digital Earth	30403	16938	427
地质与地球物理研究所 Inst. of Geology and Geophysics	53557	30168	1120
古脊椎动物与古人类研究所 Inst. of Vertebrate Paleontology and Paleoanthropology	8690	6095	204

续表 4-2

事业收入 Operating income	科研收入 Scientific research income	技术收入 Technical income	试制产品收入 Income from trial-production of products	预算外资金收入 Income from non-budgetary funds	经营收入 Business income	其他收入 Other income
662890	569952	65109	22988		22652	17135
4776	4560					18
31510	29479	1145			184	226
40674	40581	93			2857	106
1214	1214					
27003	20819	6184			2232	693
20240	18325	1682			4742	545
31556	28692	2765			403	79
14964	9758	5206			9	629
22588	21578	236	774			
23633	18773	4860				179
5819	5819				169	
17197	13147	3303	670			344
30764	30493	271			110	1186
3524	3524					5
11909	11794				769	360
20522	19754	768			57	1691
2302	1744				42	48

系统及单位 System and unit	合计 Total	财政补助收入 Financial subsidiary income	拨入专款 Special funds allocated
大气物理研究所 Inst. of Atmospheric Physics	35233	20722	418
植物研究所 Inst. of Botany	37641	23114	2536
动物研究所 Inst. of Zoology	33518	18599	708
心理研究所 Inst. of Psychology	18520	8351	357
微生物研究所 Inst. of Microbiology	28541	17308	232
生物物理研究所 Inst. of Biophysics	44702	25242	1267
遗传与发育生物学研究所 Inst. of Genetics and Developmental Biology	51189	28859	678
北京基因组研究所 Beijing Inst. of Genomics	12562	6550	70
计算技术研究所 Inst. of Computing Technology	46076	26120	139
软件研究所 Inst. of Software	30299	12071	39
半导体研究所 Inst. of Semiconductors	44694	20396	337
微电子研究所 Inst. of Microelectronics	58746	18260	904
电子学研究所 Inst. of Electronics	82917	26360	113
光电研究院 Academy of Opto-Electronics	25571	7948	27
自动化研究所 Inst. of Automation	39389	17376	192
电工研究所 Inst. of Electric Engineering	30577	14054	42
工程热物理研究所 Inst. of Engineering Thermophysics	31450	21034	23
空间科学与应用研究中心 Center for Space Science and Applied Research	64865	40913	68

续表 4-2

事业收入 Operating income	科研收入 Scientific research income	技术收入 Technical income	试制产品收入 Income from trial-production of products	预算外资金收入 Income from non-budgetary funds	经营收入 Business income	其他收入 Other income
13056	12687	261			1037	
11700	11190				94	197
12764	12315				17	1431
9787	3045	6450				26
10754	9440	957				249
14609	11650	2826			176	3409
21582	21482		64		59	12
4942	1754	3157				1000
19522	12407	6661				295
17311	17125	33			151	728
21055	16642	4412			2392	514
35975	31192	4783			3382	226
56402	29440	5353	21480		60	(17)
17013	17013				161	421
21563	21563				833	(575)
14156	14156				359	1966
9694	9694				234	464
21736	21736				1953	196

系统及单位 System and unit	合计 Total	财政补助收入 Financial subsidiary income	拨入专款 Special funds allocated
自然科学史研究所 Inst. of History of Natural Sciences	4317	3872	107
科技政策与管理科学研究所 Inst. of Policy and Management	8355	5511	197
对地观测与数字地球科学中心 Center for Earth Observation and Digital Earth	19034	12550	163
信息工程研究所 Inst. of Information Engineering	24135	13674	33
山西省 Shanxi Province	39293	19944	37
山西煤炭化学研究所 Shanxi Inst. of Coal Chemistry	39293	19944	37
辽宁省、山东省 Liaoning and Shandong Provinces	323831	144152	1914
大连化学物理研究所 Dalian Inst. of Chemical Physics	90130	30892	698
沈阳应用生态研究所 Shenyang Inst. of Applied Ecology	18972	11470	169
沈阳自动化研究所 Shenyang Inst. of Automation	61115	22479	169
金属研究所 Inst. of Metal Research	80276	33820	208
海洋研究所 Inst. of Oceanology	73337	45490	670
吉林省 Jilin Province	213595	82263	5092
长春应用化学研究所 Changchun Inst. of Applied Chemistry	36386	20958	319
东北地理与农业生态研究所 Northeast Inst. of Geography and Agroecology	19373	10823	118
长春光学精密机械与物理研究所 Changchun Inst. of Optics, Fine Mechanics and Physics	157837	50482	4655
上海市、福建省、浙江省 Shanghai, Fujian Province, and Zhejiang Province	710241	395076	11445
上海应用物理研究所 Shanghai Inst. of Applied Physics	79027	69979	104

续表 4-2

事业收入 Operating income					经营收入 Business income	其他收入 Other income
	科研收入 Scientific research income	技术收入 Technical income	试制产品收入 Income from trial-production of products	预算外资金收入 Income from non-budgetary funds		
235	218	7			96	8
2626	2626				15	5
6100	3877	2223			61	160
10116	8646	1470				312
13329	12289	1019			3083	2901
13329	12289	1019			3083	2901
165743	84773	30967	49075		125	11895
49549	23643	18861	6699		100	8890
7225	6512	364				108
36156	7277	3244	25574			2311
45961	20932	8055	16801			286
26852	26409	443			25	301
112822	108883	3221	363	14	567	12851
15045	11336	3221	363			64
3571	3558			7		4861
94206	93989			7	567	7927
274248	216711	44561	11680		11941	17531
5760	3969	1749			3167	16

系统及单位 System and unit	合计 Total	财政补助收入 Financial subsidiary income	拨入专款 Special funds allocated
上海天文台 Shanghai Observatory	24348	10584	33
上海硅酸盐研究所 Shanghai Inst. of Ceramics	52888	24657	264
上海有机化学研究所 Shanghai Inst. of Organic Chemistry	56815	38743	408
上海生命科学研究院 Shanghai Institutes for Biological Sciences	128056	87914	2559
上海微系统与信息技术研究所 Shanghai Inst. of Microsystem and Information Technology	98225	59999	776
上海光学精密机械研究所 Shanghai Inst. of Optics and Fine Mechanics	63062	23642	143
上海技术物理研究所 Shanghai Inst. of Technical Physics	93006	26346	209
上海药物研究所 Shanghai Inst. of Materia Medica	49512	19690	1071
福建物质结构研究所 Fujian Inst. of Research on the Structure of Matter	38172	23175	294
宁波材料技术与工程研究所 Ningbo Inst. of Material Technology and Engineering	27131	10348	5583
江苏省 Jiangsu Province	81905	53439	411
紫金山天文台 Purple Mountain Observatory	30551	25326	111
南京地理与湖泊研究所 Nanjing Inst. of Geography and Limnology	15592	7683	104
南京地质古生物研究所 Nanjing Inst. of Geology and Palaeontology	12624	8042	87
南京土壤研究所 Nanjing Inst. of Soil Science	23139	12389	108
安徽省 Anhui Province	114216	52539	1024
合肥物质科学研究院 Hefei Institutes of Physical Sciences	114216	52539	1024
湖北省 Hubei Province	99447	55907	264

续表 4-2

事业收入 Operating income					经营收入 Business income	其他收入 Other income
	科研收入 Scientific research income	技术收入 Technical income	试制产品收入 Income from trial-production of products	预算外资金收入 Income from non-budgetary funds		
12393	12385				1001	337
26215	13082	13026			648	1104
15937	8141	6678	995		763	963
35431	31344	3294				2151
29749	17150	2549	10050		4533	3168
37898	36688	1210			1375	5
63705	62416	653	636		265	2482
27662	15916	11560				1088
9327	8087	1204			188	5189
10172	7533	2639				1028
24424	23353	530			513	3118
3573	3308				106	1435
6891	6874				82	831
4027	3367	530			201	266
9933	9804				124	585
51779	48649	2898		215	4019	4855
51779	48649	2898		215	4019	4855
40137	38314	246				3139

系统及单位 System and unit	合计 Total	财政补助收入 Financial subsidiary income	拨入专款 Special funds allocated
武汉物理与数学研究所 Wuhan Inst. of Physics and Mathematics	23731	12745	73
武汉岩土力学研究所 Wuhan Inst. of Rock and Soil Mechanics	21664	10614	108
测量与地球物理研究所 Inst. of Geodesy and Geophysics	7497	4746	8
武汉植物园 Wuhan Botanical Garden	12620	7177	9
水生生物研究所 Inst. of Hydrobiology	23595	13950	51
武汉病毒研究所 Wuhan Inst. of Virology	10339	6675	14
广东省、湖南省 Guangdong and Hunan Provinces	172616	94559	5372
广州地球化学研究所 Guangzhou Inst. of Geochemistry	20724	13217	1065
南海海洋研究所 South China Sea Inst. of Oceanology	52305	27518	1378
华南植物园 South China Botanical Garden	20304	12721	1197
广州能源研究所 Guangzhou Inst. of Energy Conversion	52618	24474	1670
广州生物医药与健康研究院 Guangzhou Institutes of Biomedicine and Health	17617	10791	52
亚热带农业生态研究所 Inst. of Subtropical Agriculture	9048	5838	10
四川省 Sichuan Province	123810	49409	194
成都山地灾害与环境研究所 Chengdu Inst. of Mountain Hazards and Environment	18679	13427	43
成都生物研究所 Chengdu Inst. of Biology	13183	8151	111
光电技术研究所 Inst. of Optics and Electronics	91948	27831	40
云南省、贵州省 Yunnan and Guizhou Provinces	79625	49701	538

续表 4-2

事业收入 Operating income					经营收入 Business income	其他收入 Other income
	科研收入 Scientific research income	技术收入 Technical income	试制产品收入 Income from trial-production of products	预算外资金收入 Income from non-budgetary funds		
9333	9275					1580
10268	10268					674
2404	2404					339
5281	3807					153
9364	9211	112				230
3487	3348	134				164
69438	58633	9080			1545	1702
5973	5934	20			471	
22734	16103	6601			246	429
5033	3370	41			626	726
25914	23548	2357			203	356
6703	6616	61				71
3081	3062					119
70129	68940	1189			117	3961
4858	4858					351
3749	2940	808				1172
61522	61141	381			117	2438
27260	19262	3675			1418	708

系统及单位 System and unit	合计 Total	财政补助收入 Financial subsidiary income	拨入专款 Special funds allocated
昆明植物研究所 Kunming Inst. of Botany	22024	14489	189
昆明动物研究所 Kunming Inst. of Zoology	20183	11910	146
西双版纳热带植物园 Xishuangbanna Tropical Botanical Garden	21508	13795	119
地球化学研究所 Inst. of Geochemistry	15911	9507	83
陕西省 Shaanxi Province	96995	47525	175
西安光学精密机械研究所 Xi'an Inst. of Optics and Precision Mechanics	59310	30854	151
地球环境研究所 Inst. of Earth Environment	10059	6141	13
国家授时中心 National Time Service Center	27626	10531	11
甘肃省、青海省 Gansu and Qinghai Provinces	113652	79408	577
近代物理研究所 Inst. of Modern Physics	42739	33423	105
兰州化学物理研究所 Lanzhou Inst. of Chemical Physics	20981	13843	57
寒区旱区环境与工程研究所 Cold and Arid Regions Environmental and Engineering Research Inst.	32912	20007	348
青海盐湖研究所 Qinghai Inst. of Saline Lakes	7287	5579	36
西北高原生物研究所 Northwest Inst. of Plateau Biology	9733	6556	32
新疆维吾尔自治区 Xinjiang Uygur Autonomous Region	40007	24612	371
新疆理化技术研究所 Xinjiang Technical Inst. of Physics and Chemistry	13762	10057	16
新疆生态与地理研究所 Xinjiang Inst. of Ecology and Geography	26245	14556	355

注: 1. 除“财政补助收入”外，其他各项收入均不含本单位转拨外单位经费。

Note: Except “the financial subsidiary income”, all other incomes do not include funds allocated by the institution

2. 由于青岛生物能源与过程研究所、烟台海岸带研究所、城市环境研究所、苏州纳米技术与纳米仿生上海高等研究院、苏州生物医学工程技术研究所、重庆绿色智能技术研究院财务账户 2013 年度仍然

The Qingdao Inst. of Bioenergy and Bioprocess Technology, Yantai Inst. of Coastal Zone Research, Inst. of Technology and Engineering Center for Space Utilization, Beijing Advanced Sciences and Innovation Centre, Engineering and Technology, Chongqing Institutes of Green and Intelligent Technology under the financial

续表 4-2

事业收入 Operating income					经营收入 Business income	其他收入 Other income
	科研收入 Scientific research income	技术收入 Technical income	试制产品收入 Income from trial-production of products	预算外资金收入 Income from non-budgetary funds		
7058	6611	166				287
8079	6945	1056				47
7520	1900	1940				75
4603	3806	512			1418	299
46366	27184	13195	5930		1679	1250
26589	7407	13195	5930		1679	38
3134	3134					771
16643	16643					441
30362	29903	91			1242	2063
7910	7740	14			11	1289
6406	6368	2			195	482
12002	11825				547	8
1313	1239	74			170	189
2731	2731				320	95
14474	14241	233				550
3140	3140					550
11334	11101	233				

to other units.
研究所、深圳先进技术研究院、空间应用工程与技术中心、北京综合研究中心、天津工业生物技术研究所、下挂在其他单位，故未单独列出。
Urban Environment, Suzhou Inst. of Nano-Tech and Nano-Bionics, Shenzhen Institutes of Advanced Technology, Tianjin Inst. of Industrial Biotechnology,Shanghai Advanced Research Institute, Suzhou Inst. of Biomedical account is still hanging in the other units, it is not listed separately.

4-3 事业单位总

Total Expenditure

单位：万元

系统及单位 System and institute	合计 Total	人员支出 Personnel expenditure	基本工资 Basic salary	补助工资 Subsidiary salary	其他工资 Other salaries
总计 Total	**4073447**	**1281145**	**102863**	**293925**	**323310**
一、按系统分 By system					
（一）科研机构 Research units	3655081	1155340	93080	271893	300493
数学、物理 Mathematics & physics	811876	240765	19155	58541	60991
化学与化工 Chemistry & chemical engineering	489918	172623	11682	44379	42400
地学 Earth sciences	484598	160650	13266	37199	41541
生物学 Biological sciences	612605	221083	15830	64325	44070
技术科学 Technological sciences	1242722	355439	32550	66395	110133
其他 Others	13361	4780	597	1054	1358
（二）学校及公共支撑机构 Universities and public supporting organizations	316371	69168	6034	14178	15415
技术支撑 Technical supporting organizations	55746	12639	871	2722	5055
学校 Universities	188963	34970	1389	9050	5125
文献情报、新闻出版 Documentation, information & publication	38632	12936	1333	2406	3970
服务与福利 Service & welfare	33031	8623	2443	0	1265
（三）管理机构 Management organizations	84289	42194	3724	7849	7213
中国科学院本部 CAS Headquarters	48740	21434	1520	4172	3535
地区管理部门 CAS Branches	35548	20760	2204	3677	3678

支出情况（2013 年）
of CAS Institutions: 2013

(ten thousand yuan)

社会保障费 Social security expenditure	公用支出 Public expenditure	公共运行费 Expenditure for public operation	科研业务费 Expenditure for professional activity	固定资产购置费 Expenditure for purchasing equipment	专款支出 Designated expenditure	经营支出 Operating expenses	结转自筹基建 Balanced and transferred self-raised capital construction funds
182335	**2642586**	**334027**	**1628590**	**656755**	**42996**	**54942**	**51778**
165682	2372645	270171	1484858	599515	37555	50138	39404
31149	537867	66700	299603	173195	9481	17865	5898
29111	299302	40346	165416	89094	3364	3143	11486
16470	310556	30793	208099	69582	7091	4987	1314
31839	378619	45853	230077	95533	10107	1413	1383
56624	838079	85074	576736	171450	7237	22713	19255
488	8221	1406	4927	661	274	19	67
11759	229897	48675	124604	55557	3074	1925	12307
2895	43096	3299	29670	10084	10		
4717	143285	24153	85740	32963	1275	1126	8307
1954	24873	2935	9128	12221	297	526	
2192	18643	18288	66	289	1492	273	4000
4833	36971	14812	18319	1470	2177	2879	67
1911	25380	7746	15114	792	955	972	
2922	11592	7065	3206	678	1222	1907	67

系统及单位 System and institute	合计 Total	人员支出 Personnel expenditure	基本工资 Basic salary	补助工资 Subsidiary salary	其他工资 Other salaries
（四）其他 Others	17706	14442	25	4	189
二、按科研单位分 By institute					
北京市 Beijing	1497918	476447	33960	103336	138284
数学与系统科学研究院 Academy of Mathematics and Systems Science	22729	11796	783	3585	2868
物理研究所 Inst. of Physics	57126	17783	965	4403	3966
声学研究所 Inst. of Acoustics	70809	17065	1426	2736	5636
理论物理研究所 Inst. of Theoretical Physics	5409	2046	144	513	455
理化技术研究所 Technical Inst. of Physics and Chemistry	61477	13914	708	2414	4648
高能物理研究所 Inst. of High Energy Physics	83696	29837	2181	9370	4582
国家天文台 National Astronomical Observatories of China	76872	26361	2548	6531	9304
力学研究所 Inst. of Mechanics	36267	11710	851	1917	4021
化学研究所 Inst. of Chemistry	47815	16939	1014	3850	3521
生态环境研究中心 Research Center for Eco-Environmental Sciences	40962	11841	1217	2942	2144
国家纳米科学中心 National Center for Nanoscience and Technology	23267	5493	286	1048	2177
过程工程研究所 Inst. of Process Engineering	42649	16788	1014	2260	6958
地理科学与资源研究所 Inst. of Geographic Sciences and Natural Resources Research	56029	18247	1144	3738	4965
青藏高原研究所 Inst. of Tibetan Plateau Research	13388	4037	253	1118	1762
遥感与数字地球研究所 Inst. of Remote Sensing and Digital Earth	32683	7206	452	978	4066

续表 4-3

社会保障费 Social security expenditure	公用支出 Public expenditure	公共运行费 Expenditure for public operation	科研业务费 Expenditure for professional activity	固定资产购置费 Expenditure for purchasing equipment	专款支出 Designated expenditure	经营支出 Operating expenses	结转自筹基建 Balanced and transferred self-raised capital construction funds
62	3074	370	809	213	190		
60912	963494	98696	616317	238041	18534	21982	17462
670	10180	817	7174	1807	723		30
1719	37138	6562	13497	17006	874	17	1314
2782	50894	5498	37873	6669	124	2726	
116	3344	522	2014	720	19		
2014	42101	5800	25466	10257	2900	2562	
3683	46713	1037	32505	13172	2404	4742	
2763	49660	3937	33134	10139	447	404	
898	22279	2169	11186	8842	569	9	1700
2587	29189	3155	17969	8060	311		1377
1167	27999	865	20135	6929	468		655
785	17528	4888	8459	4158	5	242	
2749	25801	2473	11614	11531	60		
1753	36348	2641	29063	4500	1304	130	
439	9311	1416	5566	2211	40		
761	24360	862	14803	8595	349	768	

系统及单位 System and institute	合计 Total	人员支出 Personnel expenditure	基本工资 Basic salary	补助工资 Subsidiary salary	其他工资 Other salaries
地质与地球物理研究所 Inst. of Geology and Geophysics	53002	15291	1330	3331	3802
古脊椎动物与古人类研究所 Inst. of Vertebrate Paleontology and Paleoanthropology	8645	3988	375	870	1135
大气物理研究所 Inst. of Atmospheric Physics	34328	10934	866	2663	2675
植物研究所 Inst. of Botany	35428	17030	881	3490	5113
动物研究所 Inst. of Zoology	34145	10955	670	4123	1135
心理研究所 Inst. of Psychology	14769	4950	354	1666	1321
微生物研究所 Inst. of Microbiology	30632	12054	823	2661	3303
生物物理研究所 Inst. of Biophysics	44838	13476	870	5419	1675
遗传与发育生物学研究所 Inst. of Genetics and Developmental Biology	51993	17319	1185	5459	3204
北京基因组研究所 Beijing Inst. of Genomics	13434	3542	775	641	968
计算技术研究所 Inst. of Computing Technology	44988	18636	1396	2188	4440
软件研究所 Inst. of Software	29739	10518	823	277	4270
半导体研究所 Inst. of Semiconductors	41328	17389	1108	3237	4239
微电子研究所 Inst. of Microelectronics	58144	16568	1236	2420	4958
电子学研究所 Inst. of Electronics	75958	21384	1220	4322	7798
光电研究院 Academy of Opto-Electronics	21854	5730	454	1178	2533
自动化研究所 Inst. of Automation	40257	14976	1218	2254	5719
电工研究所 Inst. of Electric Engineering	32679	9632	739	1967	2620
工程热物理研究所 Inst. of Engineering Thermophysics	25575	7552	448	1844	2301

社会保障费 Social security expenditure	公用支出 Public expenditure	公共运行费 Expenditure for public operation	科研业务费 Expenditure for professional activity	固定资产购置费 Expenditure for purchasing equipment	专款支出 Designated expenditure	经营支出 Operating expenses	结转自筹基建 Balanced and transferred self-raised capital construction funds
1331	36534	4275	23200	9059	1120	57	
377	4413	258	3243	907	202	42	
994	21998	2151	14883	4938	396	1000	
2062	16624	992	11812	3743	1175	94	506
1036	22465	2198	15572	4676	708	17	
480	9312	422	7238	1257	348		158
1750	18310	3480	7890	6713	268		
1388	30377	4490	14844	9566	809	176	
1632	33940	2052	25423	6227	678	56	
872	9797	2376	4572	2402	95		
2570	23115	3830	16470	3643	117		3120
2083	19047	1608	13459	3968	27	147	
3042	21392	1756	14146	5426	322	2225	
3311	37712	2545	23929	11119	789	3076	
2509	48801	1090	39716	7941	90	7	5676
1029	15949	1534	8963	5435	11	163	
1753	24342	2066	17773	4503	106	833	
1870	22716	3465	12936	5015	42	288	
978	16963	1486	6740	8733	19	187	855

系统及单位 System and institute	合计 Total	人员支出 Personnel expenditure	基本工资 Basic salary	补助工资 Subsidiary salary	其他工资 Other salaries
空间科学与应用研究中心 Center for Space Science and Applied Research	67658	15677	745	2007	6716
自然科学史研究所 Inst. of History of Natural Sciences	4153	1955	296	401	516
科技政策与管理科学研究所 Inst. of Policy and Management	9209	2825	301	653	841
对地观测与数字地球科学中心 Center for Earth Observation and Digital Earth	31284	7543	436	1681	3636
信息工程研究所 Inst. of Information Engineering	22702	5462	425	1181	2294
山西省 Shanxi Province	39912	12069	1082	2999	3046
山西煤炭化学研究所 Shanxi Inst. of Coal Chemistry	39912	12069	1082	2999	3046
辽宁省、山东省 Liaoning and Shandong Provinces	302784	91405	6591	25523	22867
大连化学物理研究所 Dalian Inst. of Chemical Physics	88316	28087	1691	6838	8252
沈阳应用生态研究所 Shenyang Inst. of Applied Ecology	18973	6063	578	1636	949
沈阳自动化研究所 Shenyang Inst. of Automation	57618	13153	870	3985	3243
金属研究所 Inst. of Metal Research	78533	21204	1520	6509	5384
海洋研究所 Inst. of Oceanology	59344	22899	1932	6554	5039
吉林省 Jilin Province	208630	65703	4060	8242	23204
长春应用化学研究所 Changchun Inst. of Applied Chemistry	37703	16084	1125	1870	5353
东北地理与农业生态研究所 Northeast Inst. of Geography and Agroecology	18369	6395	688	2035	1159
长春光学精密机械与物理研究所 Changchun Inst. of Optics，Fine Mechanics and Physics	152557	43224	2246	4336	16692
上海市、福建省、浙江省 Shanghai, Fujian Province, and Zhejiang Province	688621	202914	15856	58751	42413
上海应用物理研究所 Shanghai Inst. of Applied Physics	95824	19407	1313	3827	5616

续表 4-3

社会保障费 Social security expenditure	公用支出 Public expenditure	公共运行费 Expenditure for public operation	科研业务费 Expenditure for professional activity	固定资产购置费 Expenditure for purchasing equipment	专款支出 Designated expenditure	经营支出 Operating expenses	结转自筹基建 Balanced and transferred self-raised capital construction funds
2505	49870	3644	42903	3134	175	1935	
189	2019	382	1133	386	105	6	67
299	6203	1024	3793	275	168	12	
727	21512	2440	8457	10587	163	61	2005
1240	17235	6489	6763	3792	4		
1164	26366	4033	12723	9581	32	1445	
1164	26366	4033	12723	9581	32	1445	
14327	204995	27185	135500	39570	1436	125	4823
3835	55124	7103	33938	13710	557	100	4449
1174	12751	1444	7223	2927	159		
2479	44016	4881	36163	2939	179		270
4213	57116	8579	35777	11946	212		
2625	35987	5178	22398	8048	329	25	105
6206	141682	13483	97399	29770	843	401	
1446	21300	3847	9246	7179	319		
650	11849	1344	6630	3872	125		
4109	108533	8292	81523	18718	399	401	
48703	451091	56900	259505	129481	7988	15727	10902
5723	73217	14330	22643	36107	76	3125	

系统及单位 System and institute	合计 Total	人员支出 Personnel expenditure	基本工资 Basic salary	补助工资 Subsidiary salary	其他工资 Other salaries
上海天文台 Shanghai Observatory	25247	6740	414	1437	1799
上海硅酸盐研究所 Shanghai Inst. of Ceramics	52431	18768	1002	4516	5936
上海有机化学研究所 Shanghai Inst. of Organic Chemistry	46846	18747	1012	6809	2083
上海生命科学研究院 Shanghai Institutes for Biological Sciences	119205	47141	3148	16852	7368
上海微系统与信息技术研究所 Shanghai Inst. of Microsystem and Information Technology	79573	20609	3953	2450	5357
上海光学精密机械研究所 Shanghai Inst. of Optics and Fine Mechanics	67835	16481	1159	4844	2888
上海技术物理研究所 Shanghai Inst. of Technical Physics	93041	21402	1513	7450	4813
上海药物研究所 Shanghai Inst. of Materia Medica	46812	12013	877	3856	552
福建物质结构研究所 Fujian Inst. of Research on the Structure of Matter	39147	12877	993	4573	2248
宁波材料技术与工程研究所 Ningbo Inst. of Material Technology and Engineering	22661	8728	472	2136	3752
江苏省 Jiangsu Province	80574	30184	2347	8583	4236
紫金山天文台 Purple Mountain Observatory	30791	11100	1176	3693	1232
南京地理与湖泊研究所 Nanjing Inst. of Geography and Limnology	15212	5257	349	1410	1189
南京地质古生物研究所 Nanjing Inst. of Geology and Palaeontology	12655	5070	315	686	1030
南京土壤研究所 Nanjing Inst. of Soil Science	21916	8756	506	2793	785
安徽省 Anhui Province	113353	31304	2664	8791	6907
合肥物质科学研究院 Hefei Institutes of Physical Sciences	113353	31304	2664	8791	6907
湖北省 Hubei Province	99775	36466	2976	6793	10695

续表 4-3

社会保障费 Social security expenditure	公用支出 Public expenditure	公共运行费 Expenditure for public operation	科研业务费 Expenditure for professional activity	固定资产购置费 Expenditure for purchasing equipment	专款支出 Designated expenditure	经营支出 Operating expenses	结转自筹基建 Balanced and transferred self-raised capital construction funds
1848	17695	1553	12307	3821	33	113	666
4839	32752	5586	17743	8379	264	647	
5496	27437	3221	16958	6236	80	282	300
8523	70666	11264	39656	18759	1398		
4726	53781	5392	31132	17073	650	4533	
3811	44525	3999	31218	9155	143	6685	
4787	66338	5244	52129	8410	209	265	4826
3819	32856	1846	22331	8602	1313		631
3383	20528	2913	8718	8241	1186	77	4479
1747	11295	1554	4668	4698	2638		
3432	49367	8582	32148	8421	510	513	
2097	19474	6380	8242	4801	111	106	
431	9775	372	7809	1558	97	82	
320	7266	204	6199	791	118	201	
583	12852	1627	9898	1271	183	124	
2595	75435	6093	54680	21180	925	4051	1638
2595	75435	6093	54680	21180	925	4051	1638
3559	63081	6454	36310	20112	229		

系统及单位 System and institute	合计 Total	人员支出 Personnel expenditure	基本工资 Basic salary	补助工资 Subsidiary salary	其他工资 Other salaries
武汉物理与数学研究所 Wuhan Inst. of Physics and Mathematics	22225	7648	744	1607	1564
武汉岩土力学研究所 Wuhan Inst. of Rock and Soil Mechanics	21715	9590	713	1596	3351
测量与地球物理研究所 Inst. of Geodesy and Geophysics	8963	3068	323	722	722
武汉植物园 Wuhan Botanical Garden	12263	5019	464	1477	1324
水生生物研究所 Inst. of Hydrobiology	23567	6808	417	607	2645
武汉病毒研究所 Wuhan Inst. of Virology	11043	4332	314	784	1091
广东省、湖南省 Guangdong and Hunan Provinces	166128	65209	9971	9516	20052
广州地球化学研究所 Guangzhou Inst. of Geochemistry	21187	8490	830	1028	2688
南海海洋研究所 South China Sea Inst. of Oceanology	44595	15707	898	2312	5075
华南植物园 South China Botanical Garden	19323	10018	540	2384	1709
广州能源研究所 Guangzhou Inst. of Energy Conversion	52805	21801	6962	1958	6682
广州生物医药与健康研究院 Guangzhou Institutes of Biomedicine and Health	18632	5861	278	1144	2896
亚热带农业生态研究所 Inst. of Subtropical Agriculture	9586	3332	463	690	1002
四川省 Sichuan Province	120997	37890	3566	10002	8304
成都山地灾害与环境研究所 Chengdu Inst. of Mountain Hazards and Environment	19142	7002	827	2661	827
成都生物研究所 Chengdu Inst. of Biology	13009	6487	522	1830	934
光电技术研究所 Inst. of Optics and Electronics	88845	24401	2217	5511	6543
云南省、贵州省 Yunnan and Guizhou Provinces	81706	28941	2549	7514	6658
昆明植物研究所 Kunming Inst. of Botany	25046	8567	647	1873	2415

续表 4-3

社会保障费 Social security expenditure	公用支出 Public expenditure	公共运行费 Expenditure for public operation	科研业务费 Expenditure for professional activity	固定资产购置费 Expenditure for purchasing equipment	专款支出 Designated expenditure	经营支出 Operating expenses	结转自筹基建 Balanced and transferred self-raised capital construction funds
596	14551	1238	7137	6177	25		
779	12017	763	9061	2128	108		
323	5873	945	2261	2636	21		
775	7235	1196	4239	1772	9		
614	16708	1576	10364	4720	51		
473	6697	736	3249	2681	14		
7805	93598	9472	59974	22057	5277	1545	499
608	10867	419	7944	2499	1147	471	213
1752	27068	2140	21025	3903	1378	246	196
1167	7534	1449	4745	950	1145	626	
3099	30101	3094	15624	9878	700	203	
873	11871	2123	6769	2961	900		
306	6158	247	3867	1866	7		89
3871	82793	8054	62867	11503	261	53	
637	12089	1030	9630	1385	50		
678	6403	937	3725	1463	119		
2556	64300	6087	49511	8655	92	53	
4433	50560	5011	28970	14546	787	1418	
1345	16243	2577	8034	5520	236		

系统及单位 System and institute	合计 Total	人员支出 Personnel expenditure	基本工资 Basic salary	补助工资 Subsidiary salary	其他工资 Other salaries
昆明动物研究所 Kunming Inst. of Zoology	18059	6590	445	1867	1730
西双版纳热带植物园 Xishuangbanna Tropical Botanical Garden	19973	7538	727	2110	1686
地球化学研究所 Inst. of Geochemistry	18629	6246	730	1665	827
陕西省 Shaanxi Province	94751	22358	2226	5722	4648
西安光学精密机械研究所 Xi’an Inst. of Optics and Precision Mechanics	57090	13368	1391	2661	3254
地球环境研究所 Inst. of Earth Environment	9962	2102	226	955	505
国家授时中心 National Time Service Center	27700	6888	609	2106	889
甘肃省、青海省 Gansu and Qinghai Provinces	120598	42375	4150	13108	6528
近代物理研究所 Inst. of Modern Physics	46735	12269	1432	2241	3338
兰州化学物理研究所 Lanzhou Inst. of Chemical Physics	22813	10032	893	4955	200
寒区旱区环境与工程研究所 Cold and Arid Regions Environmental and Engineering Research Inst.	33034	11943	1128	3231	2243
青海盐湖研究所 Qinghai Inst. of Saline Lakes	8057	4899	353	1718	481
西北高原生物研究所 Northwest Inst. of Plateau Biology	9959	3232	343	962	267
新疆维吾尔自治区 Xinjiang Uygur Autonomous Region	39333	12074	1082	3015	2651
新疆理化技术研究所 Xinjiang Technical Inst. of Physics and Chemistry	13902	5307	484	1773	817
新疆生态与地理研究所 Xinjiang Inst. of Ecology and Geography	25431	6767	598	1241	1834

注：由于青岛生物能源与过程研究所、烟台海岸带研究所、城市环境研究所、苏州纳米技术与纳米仿生研高等研究院、苏州生物医学工程技术研究所、重庆绿色智能技术研究院财务账户仍然下挂在其他单位，

Note: The Qingdao Inst. of Bioenergy and Bioprocess Technology, Yantai Inst. of Coastal Zone Research, Inst. of and Engineering Center for Space Utilization,Beijing Advanced Sciences and Innovation Centre, Tianjin Inst. Technology, Chongqing Institutes of Green and Intelligent Technology under the financial account is still hanging

续表 4-3

社会保障费 Social security expenditure	公用支出 Public expenditure	公共运行费 Expenditure for public operation	科研业务费 Expenditure for professional activity	固定资产购置费 Expenditure for purchasing equipment	专款支出 Designated expenditure	经营支出 Operating expenses	结转自筹基建 Balanced and transferred self-raised capital construction funds
888	11248	680	7176	2724	222		
957	12193	1475	7963	2568	242		
1243	10876	278	5796	3734	88	1418	
2490	67265	10027	35261	21867	176	1649	3303
1479	39419	6002	26735	6682	151	1649	2503
120	7045	1137	3930	1934	14		800
891	20801	2889	4596	13251	11		
4539	76309	12572	38279	25331	459	1227	227
1149	34338	6698	13932	13659	118	11	
968	12545	1701	6596	4248	54	182	
1285	20315	2947	12950	4418	229	547	
692	2733	560	1315	841	29	168	227
445	6378	667	3486	2165	29	320	
1646	26611	3608	14925	8055	98		550
826	8029	412	4156	3461	16		550
821	18581	3196	10769	4595	82		

究所、深圳先进技术研究院、空间应用工程与技术中心、北京综合研究中心、天津工业生物技术研究所、上海故未单独列出。

Urban Environment, Suzhou Inst. of Nano-Tech and Nano-Bionics, Shenzhen Institutes of Advanced Technology, Technology of Industrial Biotechnology, Shanghai Advanced Research Institute, Suzhou Inst. of Biomedical Engineering and in the other units, it is not listed separately.

主要统计指标解释

1. 事业单位总收入情况

财政补助收入 指单位从财政部门取得的科学事业费、房改经费。

拨入专款 指单位从没有直接部门预算管理关系的财政部门、上级单位或其他单位取得的有指定用途的专项资金，如从人事部取得的政府津贴、院士津贴。

事业收入 指单位开展专业业务活动及其辅助活动取得的收入，包括科研收入、技术收入、学术活动收入、科普活动收入、试制产品收入、预算外资金收入等。

科研收入 指单位承担科研课题（项目）和接受委托研制样品样机取得的收入，包括事业单位承担国家科研项目取得的收入，如国家“科技三项费用”项目、“国家自然科学基金”项目、“863”项目等；同时包括事业单位承担地方有关部门及企业的各类科研任务取得的收入。

技术收入 指单位对外提供技术转让、技术咨询、技术服务、技术培训、技术承包和技术开发取得的收入。

试制产品收入 指单位经过国家有关部门批准从事中间试验产品的试制取得的收入(不含科技三项费用中的中间试验费)。

预算外资金收入 指单位按照国家有关规定，为履行或代行政府职能，依据国家法律、法规和具有法律效力的规章而收取的纳入预算外资金专户管理的各种行政事业性收费等。

经营收入 指单位在专业业务活动及其辅助活动之外开展非独立核算的经营活动取得的收入，包括产品(商品)销售收入、经营服务收入、工程承包收入、租赁收入和其他经营收入。

其他收入 指单位除上述收入以外的其他收入，如投资收益、利息收入、捐赠收入、上级补助收入、附属单位缴款等。

2. 事业单位总支出情况

人员支出 指单位用各种经费开支的基本工资、补助工资、其他工资、职工福利费、社会保障费、助学金。

基本工资 主要指按国家有关规定支付给工作人员的固定工资及规定比例的津贴。

补助工资 指按国家有关规定支付给工作人员的津贴、补贴，包括各项岗位津贴、价格补贴、地方性补贴、冬季取暖补贴、夜餐补贴、职工上下班交通补贴、加班费等。

其他工资 主要指在基本工资、补助工资之外发给在职人员的属于国家规定工资总额组成范围的各种津贴、补贴。

社会保障费 指按国家有关规定支付给离退休人员的离退休金、津贴、补贴及单位按国家规定缴纳的各项基本社会保险金等。

公用支出 指单位用各种经费开支的公务费、设备购置费、修缮费、业务费及其他费用。

公共运行费 指用于组织和管理专业业务及其辅助活动发生的支出，主要包括办公费、邮电通信费、水电费、维修维护费、物业费、公用取暖费、车船油料费等。

科研业务费 指在开展专业业务及其辅助活动过程中发生的支出，主要包括消耗的各种原材料、计算测试费、燃料动力费、会议费、差旅费、外事活动费等。

固定资产购置费 指不属于基本建设支出，应按固定资产管理的科研、生产、开发、经营以及办公设备的购置支出，主要包括各种仪器设备、车辆、图书等购置费以及按规定提取的修购基金。

结转自筹基建　指单位经国家有关部门批准并纳入基本建设计划，用财政补助收入以外的资金安排的基本建设项目支出。

经营支出　指单位在专业业务活动及其辅助活动之外开展非独立核算经营活动发生的各项支出以及实行内部成本核算单位已销产品的实际成本。

专款支出　指单位用上述“拨入专款”开支的费用。

Explanatory Notes on Key Indicators

1. Total income of CAS institutions

Financial subsidiary income This refers to the operating funds for scientific research, and house subside obtained from the financial departments.

Special funds allocated This refers to the special funds for designated use obtained from the financial departments, higher authorities or other units, such as government allocations and allocations for CAS Members from the Ministry of Personnel Management.

Operating income This refers to the income obtained by performing professional activities and auxiliary work, including scientific research, technology, scientific activities, popular science activities and production of pilot products, and income from non-budgetary funds.

Scientific research income This refers to the income acquired by undertaking scientific research tasks (projects) and accepting assignments to develop samples and prototypes. It includes income for undertaking State scientific research projects, such as the “Three sums of science and technology funds”, “National Natural Science Foundation funds”, “863” Program funds, etc. It also includes income obtained from the local departments and enterprises by the institutions by undertaking various research tasks.

Technology income This refers to the income obtained from offering external technology transfer, technology consultation, technology service, technology training, technology contracting and technology development.

Income from trial-production of products This refers to the income obtained by producing pilot experimental products (not including allowance for pilot experiments in the “three sums of science and technology funds”) approved by the relevant State departments.

Income from non-budgetary funds This refers to various kinds of revenues (which are not included in the State budgetary management system) collected by the institution in performing or acting the functions on government behalf according to the State laws, regulations and rules which have the legal effects.

Business income This refers to the income acquired by carrying out non-independent accounting business activities other than professional and auxiliary work, including product (commodity) sales income, business service income, project contracting income, renting income and other business income.

Other income This refers to income other than the above-mentioned items, such as income from investment, interest, donation, subsidies from superior organizations, funds provided by affiliated units, etc.

2. Total expenditure of CAS institutions

Personnel expenditure This refers to the spending from various kinds of funds, such as basic salary, subsidiary salary and other salaries, welfare expenditure, social security expenditure, and people’s grant-in-aid.

Basic salary This refers to the basic salary and proportioned allowance paid to the staff according to the relevant State policies.

Subsidiary salary This refers to the allowance and subsidies paid to the staff according to the relevant State policies, including working post allowance, inflation subsidies, local allowance, allowance for winter heating, night snack allowance, traffic allowance for the staff to and back from work, and overtime pay, etc.

Other salaries This mainly refers to the allowances and subsidies paid to the on-job staff, which is the components of the total salary set according to the relevant State policies. This item is not included in the basic salary and subsidiary salary.

Social security expenditure This refers to the pension, allowance or subsidies paid to the retired personnel according to the relevant State policy, and various basic social insurance premium paid by the units according to the State policy.

Public expenditure This refers to the spending from various kind of funds, such as official business spending, expenditure for professional activities, expenditure for purchasing equipment, renovation fees and others.

Expenditure for public operation This refers to the expenses for organizing and managing professional work and auxiliary activities, mainly including expenses on administration, postage and communications, water and electricity, repair maintenance, property costs, winter heating, vehicles and fuel, etc.

Expenditure for professional activity This refers to the expenses occurred in the process of carrying out professional work and auxiliary activities, mainly including raw and processed materials consumed, computation and testing, fuel and power, expenses for attending conferences and making business trips, etc.

Expenditure for purchasing equipment This refers to the expenses spent on equipment purchasing for scientific research, production, development, business operation and office instruments, which does not fall into the category of capital construction expenditure and is managed as fixed assets. It mainly includes expenses for purchasing various kinds of instruments and equipment, vehicles, books, etc., according to the relevant policies.

Balanced and transferred self-raised capital construction funds This refers to the expenditure from non financial subsidiary funds for capital construction projects which are approved by the State departments concerned and which are included in the capital construction plan of the year.

Operating expenditure This refers to the expenses occurred in the process of carrying out non-independent accounting business activities other than professional and auxiliary work, as well as the actual cost of products sold by those internal cost-accounting units.

Designated expenditure This refers to the expenses paid from above-mentioned “Designated funds”.

五、基本建设

CAPITAL CONSTRUCTION

5-1 基本建设总体情况

General Information of Capital Construction

年份 Year	完成投资（万元）Investment completed (ten thousand yuan)	国家及院拨款 State & CAS funds	建设单位自筹 Self-raised funds by construction unit	贷款 Loan	竣工面积（万平方米）Floor space completed (10000 square meter)
1950～1952	276				2.05
1953～1957	9123				51.23
1958～1962	20972				79.4
1963～1965	12600				33.88
1966～1970	9139				15.37
1971～1975	7835				56.66
1976	2500				8.23
1977	3347				15.09
1978	8454				20.47
1979	18426				33.28
1980	17579				36.19
1981	13600				36.78
1982	15039				34.66
1983	14537				27.04
1984	16114				32.83
1985	17108	346			24.23
1986	21908	252			28.3
1987	27412	281			20.31
1988	28266	240			24.7
1989	29384	240			29.87
1990	23484	240			37.36
1991	30306	1971			23.17
1992	36636	5000			28.72
1993	38427	4809		3100	25.83
1994	40787	10000		3000	23.95
1995	44480	10000		2600	23.51
1996	48122	15982		700	22.66
1997	65936	25346			24.81
1998	91409	32387			29.46
1999	103721	48879			32.84
2000	140591	74192			45.3
2001	221479	95910	124869	700	53.88
2002	314274	175092	130111	9071	84.78
2003	342450	197664	144786		70.05
2004	242432	178013	62015	2405	76.02
2005	227700	161675	66025		42.41
2006	251892	143700	108192		55.58
2007	211400	113400	98000		41.89
2008	273500	145200	128300		43.48
2009	431000	296700	134300		15.58
2010	456711	314266	142445		52.21
2011	444239	290078	154161		41.42
2012	442370	269812	172558		56.89
2013	131659	107020	24639		43.84

5-2 基本建设投资完成情况（2013 年）
Capital Construction Expenditure: 2013

单位：万元 (ten thousand yuan)

项目 Project	完成投资 Investment completed	国家及院拨款 State & CAS funds	建设单位自筹 Self-raised funds by construction unit	贷款 Loan
总计 Total	**131659**	**107020**	**24639**	
一、重大科技基础设施 Large research infrastructure	73870	73870		
二、科教基础设施改造建设项目 Infrastructure renovation & construction of research and education	52789	28150	24639	
三、修购项目 Commercialized projects				
四、引进人才项目 Talent programmes				
五、其他专项 Other designated projects	5000	5000		

5-3 基本建设建筑面积完成情况（2013 年）
Floor Space Completed: 2013

单位：万平方米 (10000 square meter)

项目 Project	在建面积 Floor space under construction	新开面积 Floor space started	竣工面积 Floor space completed	改造面积 Floor space reconstructed
总计 Total	**65.07**	**34.83**	**43.84**	**0.88**
一、重大科技基础设施 Large research infrastructure	8.74			
二、知识创新工程基建专项 Special capital construction fund for Knowledge Innovation Program	56.33	34.83	43.84	0.88
科研用房改造建设 Renovation & construction for scientific research building	15.96	9.43	25.42	0.88
园区基础设施改造建设 Infrastructure renovation & construction of institute campuses				
教育设施及流动人员公寓改造建设项目 Reconstruction projects of educational facilities & apartments for the staff on mobility	40.37	25.4	18.42	

六、科技活动

SCIENTIFIC AND TECHNOLOGICAL ACTIVITIES

6-1 科研机构人员概况

Staff of CAS Research Institutions

年份 Year	在职职工（人） Regular staff (person)	从事科技活动人员 S&T activity personnel		
			其中：女性 Of which:Femal	科学家和工程师 Scientists & engineers
1985	69650	58220	19820	32174
1986	70510	60107	20509	34495
1987	66855	53727	18410	35034
1988	67554	56939	19419	36648
1989	67451	56895	19209	37587
1990	67547	56199	18536	38133
1991	67558	56029	18645	37668
1992	66608	54293	18070	37642
1993	64273	50584	16856	36199
1994	61641	46344	15393	33749
1995	59008	42934	14186	32446
1996	56245	41392	13598	32032
1997	53191	38104	12484	29798
1998	50271	33963	11373	27139
1999	47487	31205	10290	25450
2000	44772	29648	9547	24426
2001	40853	26391	8376	22105
2002	36679	23600	7455	20225
2003	35201	23218	7398	19108
2004	34847	23830	7550	20027
2005	35394	24755	7840	20446
2006	36085	25914	8281	21558
2007	36684	27315	8846	25347
2008	42558	33642	11660	31639
2009	46959	38642	12908	35366
2010	49968	42306	14171	
2011	52678	45566	15469	
2012	56531	50143	17197	
2013	59663	53814	18452	

注: S&T—Science and Technology.

自 2008 年起，科研机构在职职工的统计范围是指科研机构中在编职工和项目聘用人员。

Note: Since 2008, the number of regular staff of research institution includes both the regular staff of all CAS institutions and the staff by project contract.

6-2 科研机构职工按工作性质分类（2013 年）

Statistics of CAS Staff, by Nature of Work: 2013

单位：人 (person)

地区及学科 Region and field	从事科技活动人员 S&T activity personnel	科技管理人员 S&T management personnel	课题活动人员 Project activity personnel	科技服务人员 S&T service personnel	从事生产经营活动人员 Production and business activity personnel	生活后勤服务人员 Logistics service personnel
总计 Total	**53814**	**6104**	**38816**	**8894**	**1169**	**4680**
一、按地区、分院分 By region and branch						
北京分院（筹） Beijing Branch	19874	2402	14875	2597	278	1717
沈阳分院 Shenyang Branch	4638	445	3028	1165	179	424
长春分院 Changchun Branch	3032	282	2435	315	266	427
上海分院 Shanghai Branch	9539	1022	7040	1477	132	549
南京分院 Nanjing Branch	1736	174	1213	349	17	101
合肥地区 Hefei Area	2180	231	1456	493	1	108
武汉分院 Wuhan Branch	1737	207	1215	315	64	283
广州分院 Guangzhou Branch	3315	430	2457	428	8	132
成都分院 Chengdu Branch	1801	218	1186	397	74	294
昆明分院 Kunming Branch	1520	190	832	498	22	158

续表 6-2

地区及学科 Region and field	从事科技活动人员 S&T activity personnel	科技管理人员 S&T management personnel	课题活动人员 Project activity personnel	科技服务人员 S&T service personnel	从事生产经营活动人员 Production and business activity personnel	生活后勤服务人员 Logistics service personnel
西安分院 Xi'an Branch	1197	163	780	254	79	187
兰州分院 Lanzhou Branch	2474	270	1685	519	22	248
新疆分院 Xinjiang Branch	771	70	614	87	27	52
二、按学科分 By field						
数学、物理 Mathematics & physics	11125	1365	7880	1880	198	1058
化学与化工 Chemistry & chemical engineering	7360	766	5377	1217	83	570
地学 Earth sciences	7012	805	5033	1174	32	651
生物学 Biological sciences	10718	1221	7135	2362	90	808
技术科学 Technological sciences	17361	1911	13212	2238	766	1567
其他 Others	238	36	179	23		26

注：此表不包括不在岗人员。

Note: This table does not include the personnel who are not on the working posts.

6-3 科研机构科技

Total Income of S&T Activities in

单位：千元

地区及学科 Region and field	科技活动收入 Total income of S&T activities	政府资金 Government funds	财政补助收入 Income from government subsidy	承担政府科研项目收入 Income from undertaking government research projects
总计 Total	**35441329**	**29294754**	**17707686**	**10505704**
一、按地区、分院分 By region and branch				
北京分院（筹） Beijing Branch	14792154	12401943	7540016	4476256
沈阳分院 Shenyang Branch	3152095	1993068	1255530	677808
长春分院 Changchun Branch	2078047	1841452	672635	1071593
上海分院 Shanghai Branch	6524489	5622477	3699414	1740463
南京分院 Nanjing Branch	803652	738608	462879	227881
合肥地区 Hefei Area	1055301	862489	469169	379786
武汉分院 Wuhan Branch	972079	792409	504313	240592
广州分院 Guangzhou Branch	1555847	1358973	825836	411465

活动收入（2013 年）
CAS Research Institutions: 2013

(thousand yuan)

地方政府资金 Funds from local government	技术性收入 Technical income	其中: 来自企业 Of which: From enterprises	国外资金 Funds from abroad	用于科技活动的贷款 Loans for S&T activities
1132618	**4664051**	**2638829**	**281294**	**131000**
297179	1766237	1011922	94997	
48245	940893	882742	43029	
93712	96916	22089	7333	131000
208049	726198	232800	87586	
18822	33934	13800	1788	
11682	118101	7340	24015	
34639	152972	64893	6031	
170817	170556	140659	2213	

地区及学科 Region and field	科技活动收入 Total income of S&T activities	政府资金 Government funds	财政补助收入 Income from government subsidy	承担政府科研项目收入 Income from undertaking government research projects
成都分院 Chengdu Branch	1259935	1044324	447645	595286
昆明分院 Kunming Branch	781666	630536	466770	131413
西安分院 Xi'an Branch	945909	726704	419499	294870
兰州分院 Lanzhou Branch	1130706	928080	716210	178280
新疆分院 Xinjiang Branch	389449	353691	227770	80011
二、按学科分 By field				
数学、物理 Mathematics & physics	7615205	6493293	4299173	2055790
化学与化工 Chemistry & chemical engineering	4672628	3427933	2305865	970264
地学 Earth sciences	4801353	4268993	2700754	1207414
生物学 Biological sciences	5981566	5135776	3405064	1510212
技术科学 Technological sciences	12256840	9860373	4914039	4737083
其他 Others	113737	108386	82791	24941

续表 6-3

地方政府资金 Funds from local government	技术性收入 Technical income	其中：来自企业 Of which: From enterprises	国外资金 Funds from abroad	用于科技活动的贷款 Loans for S&T activities
76012	162175	76784	1570	
63214	121562	34830	10229	
5852	155116	6269		
43130	190047	130668	1587	
61265	29344	14033	916	
156257	940888	523148	64881	
144131	908982	600140	49316	131000
240345	380426	157746	35436	
225610	657861	169235	116428	
355784	1773080	1185910	12696	
10491	2814	2650	2537	

地区及学科 Region and field	科技活动收入 Total income of S&T activities	政府资金 Government funds	财政补助收入 Income from government subsidy	承担政府科研项目收入 Income from undertaking government research projects
三、按科研单位分 By institute				
北京市、天津市、山西省 Beijing, Tianjin and Shanxi Province				
数学与系统科学研究院 Academy of Mathematics and Systems Science	204317	195634	148747	46887
物理研究所 Inst. of Physics	480959	454776	207407	225103
声学研究所 Inst. of Acoustics	763935	470961	283583	146223
理论物理研究所 Inst. of Theoretical Physics	54104	54104	37331	16581
高能物理研究所 Inst. of High Energy Physics	797573	708259	541073	158780
国家天文台 National Astronomical Observatories of China	776028	729449	550761	178503
力学研究所 Inst. of Mechanics	366391	348009	165592	182417
理化技术研究所 Technical Inst. of Physics and Chemistry	447029	369878	184771	177217
化学研究所 Inst. of Chemistry	403077	320258	184064	133088
生态环境研究中心 Research Center for Eco-Environmental Sciences	402259	312057	165979	128847
国家纳米科学中心 National Center for Nanoscience and Technology	282052	268873	223812	45061
过程工程研究所 Inst. of Process Engineering	446875	358731	213890	129574

续表 6-3

地方政府资金 Funds from local government	技术性收入 Technical income	其中:来自企业 Of which: From enterprises	国外资金 Funds from abroad	用于科技活动的贷款 Loans for S&T activities
3236	8504	116	28	
14685	20314	1127	1954	
34852	291273	291273	645	
8406	60736	1978	7008	
	42543		3053	
	18382	18382		
15818	51742		25409	
1255	30674	30014	1283	
17231	83008	37353	1677	
1921	8742	8742	4437	
14287	75433	38787	2576	

地区及学科 Region and field	科技活动收入 Total income of S&T activities	政府资金 Government funds	财政补助收入 Income from government subsidy	承担政府科研项目收入 Income from undertaking government research projects
遥感与数字地球研究所 Inst. of Remote Sensing and Digital Earth	305917	237746	162844	64356
地理科学与资源研究所 Inst. of Geographic Sciences and Natural Resources Research	556780	508318	265820	162776
青藏高原研究所 Inst. of Tibetan Plateau Research	134583	130163	98677	454
古脊椎动物与古人类研究所 Inst. of Vertebrate Paleontology and Paleoanthropology	67442	60796	52071	6827
地质与地球物理研究所 Inst. of Geology and Geophysics	486148	421891	278765	131691
大气物理研究所 Inst. of Atmospheric Physics	331334	315895	189987	121920
植物研究所 Inst. of Botany	344729	291794	201444	79437
动物研究所 Inst. of Zoology	294156	282430	166124	116306
心理研究所 Inst. of Psychology	191525	101268	77564	17366
微生物研究所 Inst. of Microbiology	264609	233202	154757	76130
生物物理研究所 Inst. of Biophysics	418689	375668	225573	123245
遗传与发育生物学研究所 Inst. of Genetics and Developmental Biology	488792	478901	264506	207613
北京基因组研究所 Beijing Inst. of Genomics	125313	107778	65500	31574

续表 6-3

地方政府资金 Funds from local government	技术性收入 Technical income	其中：来自企业 Of which: From enterprises	国外资金 Funds from abroad	用于科技活动的贷款 Loans for S&T activities
9788	62653		1915	
74391	14569	11859	22030	
			1126	
1898	6164			
424	64257	11287		
3988	14388		1051	
8525	35809	730	1652	
	4486	3620	2099	
2264	90143	22730	114	
197	30335	17200	1072	
3152	37371	4826	5650	
	9139		122	
716	17535	5965		

地区及学科 Region and field	科技活动收入 Total income of S&T activities	政府资金 Government funds	财政补助收入 Income from government subsidy	承担政府科研项目收入 Income from undertaking government research projects
计算技术研究所 Inst. of Computing Technology	397932	306369	190393	112456
软件研究所 Inst. of Software	218641	179137	108278	67341
半导体研究所 Inst. of Semiconductors	393485	333011	170857	151072
信息工程研究所 Inst.of Information Engineering	238230	223532	137072	86460
微电子研究所 Inst. of Microelectronics	372238	324698	155952	164364
电子学研究所 Inst. of Electronics	833093	562794	224039	337874
自动化研究所 Inst. of Automation	368734	308222	156933	121641
光电研究院 Academy of Opto-Electronics	249610	249610	79484	170126
电工研究所 Inst. of Electrical Engineering	293746	222624	151767	70857
工程热物理研究所 Inst. of Engineering Thermophysics	290448	249007	201417	47590
空间科学与应用研究中心 Center for Space Science and Applied Research	598404	579135	383418	193864
空间应用工程与技术中心 Technology and Engineering Center for Space Utilization	159928	142908	28633	114275
对地观测与数字地球科学中心 Center for Earth Observation and Digital Earth	186834	153382	121314	30438

续表 6-3

地方政府资金 Funds from local government	技术性收入 Technical income	其中：来自企业 Of which: From enterprises	国外资金 Funds from abroad	用于科技活动的贷款 Loans for S&T activities
2127	91021	85833	541	
3518	32226	30034		
7716	55338	7520		
	14698			
4382	45284	36227		
881	55175			
15761	58108	58108	2404	
1998	68501	68501	2621	
500	41441	41441		
100	19269	19269		
1630	30098	174	1750	

地区及学科 Region and field	科技活动收入 Total income of S&T activities	政府资金 Government funds	财政补助收入 Income from government subsidy	承担政府科研项目收入 Income from undertaking government research projects
自然科学史研究所 Inst. of History of Natural Sciences	35621	34633	34082	270
科技政策与管理科学研究所 Inst. of Policy and Management	78116	73753	48709	24671
北京综合研究中心 Beijing Advanced Sciences and Innovation Centre	19104	19104	19104	
天津工业生物技术研究所 Tianjin Inst. of Industrial Biotechnology	107617	97566	39461	58105
山西煤炭化学研究所 Shanxi Inst. of Coal Chemistry	515757	205619	178461	16876
辽宁省、山东省 Liaoning and Shandong Provinces				
大连化学物理研究所 Dalian Inst. of Chemical Physics	729350	481332	267734	195092
沈阳应用生态研究所 Shenyang Inst. of Applied Ecology	162984	145612	79216	57902
沈阳自动化研究所 Shenyang Inst. of Automation	605284	284021	198080	79203
金属研究所 Inst. of Metal Research	985391	460506	295501	158069
海洋研究所 Inst. of Oceanology	669086	621597	414999	187542
吉林省 Jilin Province				
长春应用化学研究所 Changchun Inst. of Applied Chemistry	368188	297826	176408	87010

续表 6-3

地方政府资金 Funds from local government	技术性收入 Technical income	其中: 来自企业 Of which: From enterprises	国外资金 Funds from abroad	用于科技活动的贷款 Loans for S&T activities
	864	700	124	
10491	1950	1950	2413	
20759	10051	10051		
10282	164013	146125	243	
11525	218634	215170	29384	
7960	15392	5720	902	
5051	321263	288185		
6936	348637	346906	5380	
16773	36967	26761	7363	
32780	58836	1892	7192	131000

地区及学科 Region and field	科技活动收入 Total income of S&T activities	政府资金 Government funds	财政补助收入 Income from government subsidy	承担政府科研项目收入 Income from undertaking government research projects
东北地理与农业生态研究所 Northeast Inst. of Geography and Agroecology	200277	143571	96975	30329
长春光学精密机械与物理研究所 Changchun Inst. of Optics，Fine Mechanics and Physics	1509582	1400055	399252	954254
上海市、福建省、浙江省 Shanghai, Fujian Province, and Zhejiang Province				
上海应用物理研究所 Shanghai Inst. of Applied Physics	828119	734152	672935	53049
上海天文台 Shanghai Observatory	193476	166362	93818	67556
上海硅酸盐研究所 Shanghai Inst. of Ceramics	487213	316624	222425	78467
上海有机化学研究所 Shanghai Inst. of Organic Chemistry	519497	431712	360288	57677
上海药物研究所 Shanghai Inst. of Materia Medica	485437	288136	198100	90036
上海生命科学研究院 Shanghai Institutes for Biological Sciences	1176276	1085821	787315	251220
上海微系统与信息技术研究所 Shanghai Inst. of Microsystem and Information Technology	799880	671417	567922	90334
上海光学精密机械研究所 Shanghai Inst. of Optics and Fine Mechanics	591294	536632	210185	320634
上海技术物理研究所 Shanghai Inst. of Technical Physics	879602	866709	263457	601162
福建物质结构研究所 Fujian Inst. of Research on the Structure of Matter	207551	197572	147006	48271

续表 6-3

地方政府资金 Funds from local government	技术性收入 Technical income	其中:来自企业 Of which: From enterprises	国外资金 Funds from abroad	用于科技活动的贷款 Loans for S&T activities
15747	7890	3553	141	
45185	30190	16644		
8031	93808	93384		
4988	27114	2258		
15732	130255	1964	1457	
10251	68006	68006	196	
17132	121112	5514	74317	
39562	57859	368	11616	
13161	128463	34348		
5177	54614	569		
	6534			
5533	9629			

地区及学科 Region and field	科技活动收入 Total income of S&T activities	政府资金 Government funds	财政补助收入 Income from government subsidy	承担政府科研项目收入 Income from undertaking government research projects
宁波材料技术与工程研究所 Ningbo Inst. of Material Technology and Engineering	268105	241716	100552	75328
城市环境研究所 Inst. of Urban Environment	88039	85624	75411	6729
江苏省 Jiangsu Province				
紫金山天文台 Purple Mountain Observatory	309876	286316	235064	50144
南京地理与湖泊研究所 Nanjing Inst. of Geography and Limnology	165680	156389	64724	62298
南京地质古生物研究所 Nanjing Inst. of Geology and Palaeontology	106132	94841	62325	30646
南京土壤研究所 Nanjing Inst. of Soil Science	221964	201062	100766	84793
安徽省 Anhui Province				
合肥物质科学研究院 Hefei Institutes of Physical Sciences	1055301	862489	469169	379786
湖北省 Hubei Province				
武汉物理与数学研究所 Wuhan Inst. of Physics and Mathematics	193363	187062	112088	73152

续表 6-3

地方政府资金 Funds from local government	技术性收入 Technical income	其中:来自企业 Of which: From enterprises	国外资金 Funds from abroad	用于科技活动的贷款 Loans for S&T activities
88482	26389	26389		
	2415			
264	9205			
2947	171			
1192	11291	4688		
14419	13267	9112	1788	
11682	118101	7340	24015	
1292			592	

地区及学科 Region and field	科技活动收入 Total income of S&T activities	政府资金 Government funds	财政补助收入 Income from government subsidy	承担政府科研项目收入 Income from undertaking government research projects
武汉岩土力学研究所 Wuhan Inst. of Rock and Soil Mechanics	231401	134899	89245	21298
测量与地球物理研究所 Inst. of Geodesy and Geophysics	86194	77651	43860	32750
武汉植物园 Wuhan Botanical Garden	110444	92027	72372	19655
水生生物研究所 Inst. of Hydrobiology	257223	212483	127327	69305
武汉病毒研究所 Wuhan Inst. of Virology	93454	88287	59421	24432
广东省、湖南省 Guangdong and Hunan Provinces				
广州地球化学研究所 Guangzhou Inst. of Geochemistry	172141	161288	105616	
南海海洋研究所 South China Sea Inst. of Oceanology	499220	415214	233465	146032
华南植物园 South China Botanical Garden	161497	131300	98346	19481
广州生物医药与健康研究院 Guangzhou Institutes of Biomedicine and Health	151714	145534	104987	30374
广州能源研究所 Guangzhou Inst. of Energy Conversion	159621	122681	65003	57678
亚热带农业生态研究所 Inst. of Subtropical Agriculture	89210	84172	54703	22832

续表 6-3

地方政府资金 Funds from local government	技术性收入 Technical income	其中:来自企业 Of which: From enterprises	国外资金 Funds from abroad	用于科技活动的贷款 Loans for S&T activities
23456	86703	27775	2161	
1041	5158	803		
1910	15519	11633	2898	
2510	42135	22700	307	
4430	3457	1982	73	
5442	200	49		
32903	79574	70920	139	
12841	21186	3969	1750	
10152	5468	4237		
4486	36940	36940		
6602	3528	884	324	

地区及学科 Region and field	科技活动收入 Total income of S&T activities	政府资金 Government funds	财政补助收入 Income from government subsidy	承担政府科研项目收入 Income from undertaking government research projects
深圳先进技术研究院 Shenzhen Institutes of Advanced Technology	322444	298784	163716	135068
四川省、重庆市 Sichuan Province and Chongqing				
成都山地灾害与环境研究所 Chengdu Inst. of Mountain Hazards and Environment	144310	127933	81260	46241
成都生物研究所 Chengdu Inst. of Biology	120692	105158	97406	6970
光电技术研究所 Inst. of Optics and Electronics	878572	735434	238570	496685
重庆绿色智能技术研究院 Chongqing Inst. of Green and Intelligent Technology	116361	75799	30409	45390
云南省、贵州省 Yunnan and Guizhou Provinces				
地球化学研究所 Inst. of Geochemistry	152207	126341	95070	27938
昆明植物研究所 Kunming Inst. of Botany	232073	191187	132276	32023
西双版纳热带植物园 Xishuangbanna Tropical Botanical Garden	203167	139672	127932	11543
昆明动物研究所 Kunming Inst. of Zoology	194219	173336	111492	59909
陕西省 Shaanxi Province				
地球环境研究所 Inst. of Earth Environment	100150	100150	62008	31342

续表 6-3

地方政府资金 Funds from local government	技术性收入 Technical income	其中:来自企业 Of which: From enterprises	国外资金 Funds from abroad	用于科技活动的贷款 Loans for S&T activities
98391	23660	23660		
23612	16377	8555		
6970	8082	5882	1570	
40	97154	21785		
45390	40562	40562		
6458	7975	5118	55	
26888	31292	18961	9594	
230	61819	1618	173	
29638	20476	9133	407	
880				

地区及学科 Region and field	科技活动收入 Total income of S&T activities	政府资金 Government funds	财政补助收入 Income from government subsidy	承担政府科研项目收入 Income from undertaking government research projects
西安光学精密机械研究所 Xi'an Inst. of Optics and Precision Mechanics	539381	332190	271835	54920
国家授时中心 National Time Service Center	306378	294364	85656	208608
甘肃省、青海省 Gansu and Qinghai Provinces				
近代物理研究所 Inst. of Modern Physics	436403	350058	310615	38393
兰州化学物理研究所 Lanzhou Inst. of Chemical Physics	237167	177352	120903	38019
寒区旱区环境与工程研究所 Cold and Arid Regions Environmental and Engineering Research Inst.	297712	257311	181321	69625
青海盐湖研究所 Qinghai Inst. of Saline Lakes	73642	59977	44895	12282
西北高原生物研究所 Northwest Inst. of Plateau Biology	85782	83382	58476	19961
新疆维吾尔自治区 Xinjiang Uygur Autonomous Region				
新疆理化技术研究所 Xinjiang Technical Inst. of Physics and Chemistry	151448	127417	92214	32093
新疆生态与地理研究所 Xinjiang Inst. of Ecology and Geography	238001	226274	135556	47918

注：1. 表 6-3 与表 6-4 为国家科学技术部《科技统计年报》统计口径。

Note: Table 6-3, 6-4 is based on the specifications of the *S&T Statistical Yearbook* of the Ministry of Science and

2. 表 6-3 与表 6-4 中天津工业生物技术研究所和山西煤炭化学研究所合并到北京分院。

In Table 6-3 and 6-4, Tianjin Inst. of Industrial Biotechnology and Shanxi Inst. of Coal Chemistry had been

3. 由于青岛生物能源与过程研究所、烟台海岸带研究所、苏州纳米技术与纳米仿生研究所、苏州生物

The Qingdao Inst. of Bioenergy and Bioprocess Technology,Yantai Inst. of Coastal Zone Research,Suzhou Inst.
Institute under the financial account is still hanging in the other units, they don't listed separately.

续表 6-3

地方政府资金 Funds from local government	技术性收入 Technical income	其中:来自企业 Of which: From enterprises	国外资金 Funds from abroad	用于科技活动的贷款 Loans for S&T activities
4872	147515	2815		
100	7601	3454		
7430	86329	70670	16	
18430	53562	44642	871	
3613	39566	5511	700	
4904	8190	7445		
8753	2400	2400		
22017	18533	5391		
39248	10811	8642	916	

Technology.

merged into the jurisdiction of Beijing Branch.
医学工程技术研究所、上海高等研究院财务账户仍然下挂在其他单位，故未单独列出。
of Nano-Tech and Nano-Bionics,Suzhou Inst. of Biomedical Engineering and Technology,Shanghai Advanced Research

6-4 科研机构科技活动经费内部支出情况（2013 年）

Total Internal Expenditure of S&T Activities in CAS Research Institutions: 2013

单位：千元　　(thousand yuan)

地区及学科 Region and field	科研活动经费内部支出合计 Total internal expenditure for scientific research activities	人员费用 Personnel cost	设备购置费 Expenditure for purchasing equipment	其他日常支出 Other daily expenditure
总计 Total	**31907044**	**8867762**	**6137770**	**16901512**
一、按地区、分院分 By region and branch				
北京分院（筹） Beijing Branch	13449836	3856623	2521561	7071652
沈阳分院 Shenyang Branch	2745353	726228	388486	1630639
长春分院 Changchun Branch	1788688	405485	370268	1012935
上海分院 Shanghai Branch	6073462	1628699	1306953	3137810
南京分院 Nanjing Branch	667133	186048	78609	402476
合肥地区 Hefei Area	985559	250353	207820	527386
武汉分院 Wuhan Branch	881724	251593	201608	428523
广州分院 Guangzhou Branch	1428301	520014	216367	691920
成都分院 Chengdu Branch	961774	272525	163458	525791
昆明分院 Kunming Branch	716237	219431	124294	372512
西安分院 Xi'an Branch	813073	152065	224485	436523
兰州分院 Lanzhou Branch	1037120	304146	274994	457980
新疆分院 Xinjiang Branch	358784	94552	58867	205365
二、按学科分 By field				
数学、物理 Mathematics & physics	6801900	1658716	1739196	3403988

地区及学科 Region and field	科研活动经费内部支出合计 Total internal expenditure for scientific research activities	人员费用 Personnel cost	设备购置费 Expenditure for purchasing equipment	其他日常支出 Other daily expenditure
化学与化工 Chemistry & chemical engineering	4041897	1432266	854611	1755020
地学 Earth sciences	4270048	1186876	659926	2423246
生物学 Biological sciences	5580956	1717419	994727	2868810
技术科学 Technological sciences	11105696	2826168	1883934	6395594
其他 Others	106547	46317	5376	54854
三、按科研单位分 By institute				
北京市、天津市和山西省 Beijing, Tianjin and Shanxi Province				
数学与系统科学研究院 Academy of Mathematics and Systems Science	204215	84075	18088	102052
物理研究所 Inst. of Physics	489600	104011	167984	217605
声学研究所 Inst. of Acoustics	633384	134100	66688	432596
理论物理研究所 Inst. of Theoretical Physics	47537	15699	7197	24641
高能物理研究所 Inst. of High Energy Physics	670166	180924	130043	359199
国家天文台 National Astronomical Observatories of China	495725	135460	91624	268641
力学研究所 Inst. of Mechanics	310995	75160	109869	125966
理化技术研究所 Technical Inst. of Physics and Chemistry	408698	94385	88666	225647
化学研究所 Inst. of Chemistry	372644	129447	80603	162594
生态环境研究中心 Research Center for Eco-Environmental Sciences	327455	136477	68019	122959
国家纳米科学中心 National Center for Nanoscience and Technology	230256	38817	41581	149858
过程工程研究所 Inst. of Process Engineering	389024	119169	115408	154447

续表 6-4

地区及学科 Region and field	科研活动经费内部支出合计 Total internal expenditure for scientific research activities	人员费用 Personnel cost	设备购置费 Expenditure for purchasing equipment	其他日常支出 Other daily expenditure
遥感与数字地球研究所 Inst. of Remote Sensing and Digital Earth	301907	82434	42693	176780
地理科学与资源研究所 Inst. of Geographic Sciences and Natural Resources Research	497789	160361	44855	292573
青藏高原研究所 Inst. of Tibetan Plateau Research	128804	39890	22113	66801
古脊椎动物与古人类研究所 Inst. of Vertebrate Paleontology and Paleoanthropology	72320	29100	6332	36888
地质与地球物理研究所 Inst. of Geology and Geophysics	500254	92999	109218	298037
大气物理研究所 Inst. of Atmospheric Physics	300695	83889	48270	168536
植物研究所 Inst. of Botany	285136	112588	37383	135165
动物研究所 Inst. of Zoology	341445	80001	46757	214687
心理研究所 Inst. of Psychology	134384	53872	13455	67057
微生物研究所 Inst. of Microbiology	285135	85524	67130	132481
生物物理研究所 Inst. of Biophysics	383671	106161	95714	181796
遗传与发育生物学研究所 Inst. of Genetics and Developmental Biology	476256	106699	62205	307352
北京基因组研究所 Beijing Inst. of Genomics	134033	40355	24017	69661
计算技术研究所 Inst. of Computing Technology	337549	136687	36419	164443
软件研究所 Inst. of Software	267852	87137	24714	156001
半导体研究所 Inst. of Semiconductors	337526	111852	59283	166391
信息工程研究所 Inst.of Information Engineering	226702	69124	40580	116998
微电子研究所 Inst. of Microelectronics	489087	112336	110810	265941
电子学研究所 Inst. of Electronics	642170	147525	82937	411708

续表 6-4

地区及学科 Region and field	科研活动经费内部支出合计 Total internal expenditure for scientific research activities	人员费用 Personnel cost	设备购置费 Expenditure for purchasing equipment	其他日常支出 Other daily expenditure
自动化研究所 Inst. of Automation	377409	99485	45054	232870
光电研究院 Academy of Opto-Electronics	210115	55568	53227	101320
电工研究所 Inst. of Electrical Engineering	238939	85231	51146	102562
工程热物理研究所 Inst. of Engineering Thermophysics	245215	56445	87326	101444
空间科学与应用研究中心 Center for Space Science and Applied Research	609380	117374	31370	460636
空间应用工程与技术中心 Technology and Engineering Center for Space Utilization	137153	47832	22431	66890
对地观测与数字地球科学中心 Center for Earth Observation and Digital Earth	298746	71773	102823	124150
自然科学史研究所 Inst. of History of Natural Sciences	34102	13993	2609	17500
科技政策与管理科学研究所 Inst. of Policy and Management	72445	32324	2767	37354
北京综合研究中心 Beijing Advanced Sciences and Innovation Center	14081	5915	811	7355
天津工业生物技术研究所 Tianjin Inst. of Industrial Biotechnology	140742	35828	61278	43636
山西煤炭化学研究所 Shanxi Inst. of Coal Chemistry	349095	248597	100064	434
辽宁省、山东省 Liaoning and Shandong Provinces				
大连化学物理研究所 Dalian Inst. of Chemical Physics	756338	194571	123381	438386
沈阳应用生态研究所 Shenyang Inst. of Applied Ecology	171165	55451	21577	94137
沈阳自动化研究所 Shenyang Inst. of Automation	556630	96953	26699	432978
金属研究所 Inst. of Metal Research	734813	201573	139625	393615

地区及学科 Region and field	科研活动经费内部支出合计 Total internal expenditure for scientific research activities	人员费用 Personnel cost	设备购置费 Expenditure for purchasing equipment	其他日常支出 Other daily expenditure
海洋研究所 Inst. of Oceanology	526407	177680	77204	271523
吉林省 Jilin Province				
长春应用化学研究所 Changchun Inst. of Applied Chemistry	316759	101241	70969	144549
东北地理与农业生态研究所 Northeast Inst. of Geography and Agricultural Ecology	126687	35625	15008	76054
长春光学精密机械与物理研究所 Changchun Inst. of Optics，Fine Mechanics and Physics	1345242	268619	284291	792332
上海市、福建省、浙江省 Shanghai,Fujian Province,and Zhejiang Province				
上海应用物理研究所 Shanghai Inst. of Applied Physics	867641	160674	355467	351500
上海天文台 Shanghai Observatory	228160	55833	44836	127491
上海硅酸盐研究所 Shanghai Inst. of Ceramics	462282	114653	83916	263713
上海有机化学研究所 Shanghai Inst. of Organic Chemistry	412065	173020	62422	176623
上海药物研究所 Shanghai Inst. of Materia Medica	434707	144205	103067	187435
上海生命科学研究院 Shanghai Institutes for Biological Sciences	1044428	348424	181754	514250
上海微系统与信息技术研究所 Shanghai Inst. of Microsystem and Information Technology	710171	155352	170725	384094
上海光学精密机械研究所 Shanghai Inst. of Optics and Fine Mechanics	574998	120796	91180	363022
上海技术物理研究所 Shanghai Inst. of Technical Physics	854678	194704	84179	575795
福建物质结构研究所 Fujian Inst. of Research on the Structure of Matter	179642	72310	58049	49283

续表 6-4

地区及学科 Region and field	科研活动经费内部支出合计 Total internal expenditure for scientific research activities	人员费用 Personnel cost	设备购置费 Expenditure for purchasing equipment	其他日常支出 Other daily expenditure
宁波材料技术与工程研究所 Ningbo Inst. of Material Technology and Engineering	226753	80572	47686	98495
城市环境研究所 Inst. of Urban Environment	77937	8156	23672	46109
江苏省 Jiangsu Province				
紫金山天文台 Purple Mountain Observatory	266952	71655	46253	149044
南京地理与湖泊研究所 Nanjing Inst. of Geography and Limnology	128991	34725	15241	79025
南京地质古生物研究所 Nanjing Inst. of Geology and Palaeontology	92416	27480	7939	56997
南京土壤研究所 Nanjing Inst. of Soil Science	178774	52188	9176	117410
安徽省 Anhui Province				
合肥物质科学研究院 Hefei Institutes of Physical Sciences	985559	250353	207820	527386
湖北省 Hubei Province				
武汉物理与数学研究所 Wuhan Inst. of Physics and Mathematics	199747	44607	61765	93375
武汉岩土力学研究所 Wuhan Inst. of Rock and Soil Mechanics	187171	82723	22524	81924
测量与地球物理研究所 Inst. of Geodesy and Geophysics	81638	19370	25000	37268
武汉植物园 Wuhan Botanical Garden	104928	40019	18317	46592
水生生物研究所 Inst. of Hydrobiology	210848	38280	47195	125373
武汉病毒研究所 Wuhan Inst. of Virology	97392	26594	26807	43991
广东省、湖南省 Guangdong and Hunan Provinces				
广州地球化学研究所 Guangzhou Inst. of Geochemistry	170451	49130	25016	96305

续表 6-4

地区及学科 Region and field	科研活动经费内部支出合计 Total internal expenditure for scientific research activities	人员费用 Personnel cost	设备购置费 Expenditure for purchasing equipment	其他日常支出 Other daily expenditure
南海海洋研究所 South China Sea Inst. of Oceanology	378131	111342	37819	228970
华南植物园 South China Botanical Garden	136635	59979	8593	68063
广州能源研究所 Guangzhou Inst. of Energy Conversion	157097	68229	37533	51335
亚热带农业生态研究所 Inst. of Subtropical Agriculture	87851	25414	16671	45766
广州生物医药与健康研究院 Guangzhou Institutes of Biomedicine and Health	181743	56590	30638	94515
深圳先进技术研究院 Shenzhen Institutes of Advanced Technology	316393	149330	60097	106966
四川省、重庆市 Sichuan Province and Chongqing				
成都山地灾害与环境研究所 Chengdu Inst. of Mountain Hazards and Environment	134182	37425	10847	85910
成都生物研究所 Chengdu Inst. of Biology	95551	39127	14634	41790
光电技术研究所 Inst. of Optics and Electronics	596844	163027	86547	347270
重庆绿色智能技术研究院 Chongqing Inst. of Green and Intelligent Technology	135197	32946	51430	50821
云南省、贵州省 Yunnan and Guizhou Provinces				
地球化学研究所 Inst. of Geochemistry	144559	34348	38054	72157
昆明植物研究所 Kunming Inst. of Botany	229076	72037	55229	101810
西双版纳热带植物园 Xishuangbanna Tropical Botanical Garden	177568	62491	6936	108141
昆明动物研究所 Kunming Inst. of Zoology	165034	50555	24075	90404
陕西省 Shaanxi Province				

地区及学科 Region and field	科研活动经费内部支出 合计 Total internal expenditure for scientific research activities			
		人员费用 Personnel cost	设备购置费 Expenditure for purchasing equipment	其他日常支出 Other daily expenditure
地球环境研究所 Inst. of Earth Environment	88190	17097	19944	51149
西安光学精密机械研究所 Xi'an Inst. of Optics and Precision Mechanics	479037	95698	55822	327517
国家授时中心 National Time Service Center	245846	39270	148719	57857
甘肃省、青海省 Gansu and Qinghai Provinces				
近代物理研究所 Inst. of Modern Physics	423826	83873	136236	203717
兰州化学物理研究所 Lanzhou Inst. of Chemical Physics	183877	67970	41768	74139
寒区旱区环境与工程研究所 Cold and Arid Regions Environmental and Engineering Research Inst.	282503	91272	66440	124791
青海盐湖研究所 Qinghai Inst. of Saline Lakes	62460	35994	8431	18035
西北高原生物研究所 Northwest Inst. of Plateau Biology	84454	25037	22119	37298
新疆维吾尔自治区 Xinjiang Uygur Autonomous Region				
新疆理化技术研究所 Xinjiang Technical Inst. of Physics and Chemistry	122597	39999	34606	47992
新疆生态与地理研究所 Xinjiang Inst. of Ecology and Geography	236187	54553	24261	157373

注：1. 科技活动经费内部支出不包括本机构委托外单位或与外单位合作而拨给对方的经费。

Note: The total internal expenditure of S&T activities does not include the funds allocated by the institution to other units for cooperation.

2. 由于青岛生物能源与过程研究所、烟台海岸带研究所、苏州纳米技术与纳米仿生研究所、苏州生物医学工程技术研究所、上海高等研究院财务账户仍然下挂在其他单位，故未单独列出。

The Qingdao Inst. of Bioenergy and Bioprocess Technology,Yantai Inst. of Coastal Zone Research,Suzhou Inst.of Nano-Tech and Nano-Bionics,Suzhou Inst. of Biomedical Engineering and Technology,Shanghai Advanced Research Institute under the financial account is still hanging in the other units, they don't listed separately.

6-5 科研机构基本建设投资完成情况（2013 年）

Capital Construction Expenditure in CAS Research Institutions: 2013

单位：千元 (thousand yuan)

地区及学科 Region and field	基本建设投资实际完成额 Actual expenditure in capital construction investment	科研仪器设备 Scientific research instruments and equipment	科研土建工程 Civil engineering projects for scientific research	生产经营土建与设备 Civil engineering for production, operation and equipment	生活土建与设备 Civil engineering for living and equipment
总计 Total	**4416221**	**976387**	**3155903**	**142425**	**141506**
一、按地区、分院分 By region and branch					
北京分院（筹） Beijing Branch	1513184	516542	879925	75584	41133
沈阳分院 Shenyang Branch	598358	33533	563625		1200
长春分院 Changchun Branch	382570		382570		
上海分院 Shanghai Branch	850106	188741	651335		10030
南京分院 Nanjing Branch	75577	11341	62436		1800
合肥地区 Hefei Area	165895	121511	24005		20379
武汉分院 Wuhan Branch	216429	28379	187450		600
广州分院 Guangzhou Branch	54644	20585	33584		475
成都分院 Chengdu Branch	259666	39746	141236	17729	60955
昆明分院 Kunming Branch	164923		164323		600

续表 6-5

地区及学科 Region and field	基本建设投资实际完成额 Actual expenditure in capital construction investment	科研仪器设备 Scientific research instruments and equipment	科研土建工程 Civil engineering projects for scientific research	生产经营土建与设备 Civil engineering for production, operation and equipment	生活土建与设备 Civil engineering for living and equipment
西安分院 Xi'an Branch	52625	16009	32282		4334
兰州分院 Lanzhou Branch	82244		33132	49112	
新疆分院 Xinjiang Branch					
二、按学科分 By field					
数学、物理 Mathematics & physics	660044	228044	352479	49112	30409
化学与化工 Chemistry & chemical engineering	705749	77560	552005	75584	600
地学 Earth sciences	872185	21623	810629		39933
生物学 Biological sciences	491315	163126	323389		4800
技术科学 Technological sciences	1686928	486034	1117401	17729	65764
其他 Others					

6-6 科研机构科研仪器

Original Value of Scientific Equipment and

单位：千元

地区、学科及科研单位 Region，field and research institution	合计 Total				
	总额（千元）Total value (thousand yuan)	100 千元以上 Above 100 (thousand yuan)	100 千元以上台（套）数 Over 100 thousand yuan (set)	其中：进口（千元）Of which: Imported (thousand yuan)	100 千元以上 Above 100 (thousand yuan)
总计 Total	**37734696**	**29666598**	**55910**	**20593112**	**18078081**
一、按地区、分院分 By region and branch					
北京分院（筹）Beijing Branch	15339204	11777386	22752	7889714	6946695
沈阳分院 Shenyang Branch	3036124	2426180	4292	1755079	1617907
长春分院 Changchun Branch	1683046	1444844	2356	1033000	867388
上海分院 Shanghai Branch	8526040	6764238	12866	4934283	4395175
南京分院 Nanjing Branch	1031777	891837	1861	660621	607580
合肥地区 Hefei Area	1249755	1046045	1584	456818	419474
武汉分院 Wuhan Branch	870356	666903	1436	682383	532742
广州分院 Guangzhou Branch	1229357	956460	1922	742590	669719
成都分院 Chengdu Branch	885250	762473	1153	577285	545945
昆明分院 Kunming Branch	697617	540272	905	475553	334127
西安分院 Xi’an Branch	922501	764624	1066	483036	366463
兰州分院 Lanzhou Branch	1951113	1397860	3217	724343	611750
新疆分院 Xinjiang Branch	312556	227476	500	178407	163116

设备原值情况（2013 年）
Instrumentation in CAS Research Institutions: 2013

(thousand yuan)

其中: 20 世纪 90 年代制造 Of which: Made in the 1990s				其中: 2000 年及以后制造 Of which: Made after 2000			
总额（千元）Total value (thousand yuan)	100 千元以上 Above 100 (thousand yuan)	其中：进口（千元）Of which: Imported (thousand yuan)	100 千元以上 Above 100 (thousand yuan)	总额（千元）Total value (thousand yuan)	100 千元以上 Above 100 (thousand yuan)	其中：进口（千元）Of which: Imported (thousand yuan)	100 千元以上 Above 100 (thousand yuan)
1685354	**1338032**	**848708**	**756131**	**35423104**	**27914476**	**19428796**	**17193350**
778858	636232	386779	342579	14314797	11009232	7427405	6562646
119060	97994	84317	69512	2889044	2305381	1648625	1530597
59546	46262	37564	36025	1596016	1377953	974148	812826
315934	247847	146753	135255	8064780	6444969	4753085	4242302
17702	11258	6390	5560	1004017	853440	648096	597669
105874	102896	23939	23210	1129532	930628	431923	395494
37485	27809	27597	25147	804328	608540	600141	503174
28136	25770	25658	24629	1162713	892388	707903	636183
27815	23305	19178	17846	850999	736972	555393	525818
30887	24056	21028	18573	664930	515690	453794	315431
73411	25332	22064	20413	821045	723573	383850	343201
83750	64432	42830	33190	1823304	1295430	673624	571432
6896	4839	4611	4192	297599	220280	170809	156577

地区、学科及科研单位 Region，field and research institution	合计 Total				
	总额（千元）Total value (thousand yuan)	100 千元以上 Above 100 (thousand yuan)	100 千元以上台（套）数 Over 100 thousand yuan (set)	其中：进口（千元）Of which: Imported (thousand yuan)	100 千元以上 Above 100 (thousand yuan)
二、按学科分 By field					
数学、物理 Mathematics & physics	10556530	8702423	16512	4392774	3899307
化学与化工 Chemistry & chemical engineering	5730244	4520276	8843	3574713	3238374
地学 Earth sciences	3921472	2890525	5781	2219557	1993745
生物学 Biological sciences	6387959	4312888	9732	4334681	3356635
技术科学 Technological sciences	11108135	9233454	15029	6067978	5586611
其他 Others	30356	7032	13	3409	3409
三、按科研单位分 By institute					
北京市、天津市、山西省 Beijing, Tianjin and Shanxi Province					
数学与系统科学研究院 Academy of Mathematics and Systems Science	75631	26021	36		
物理研究所 Inst. of Physics	1063585	875923	1475	881816	799945
声学研究所 Inst. of Acoustics	684717	577981	739	164278	151127
理论物理研究所 Inst. of Theoretical Physics	26638	22408	28		
高能物理研究所 Inst. of High Energy Physics	1525777	1224945	2102	572889	486179
国家天文台 National Astronomical Observatories of China	782659	702288	2497	147553	137757
力学研究所 Inst. of Mechanics	419923	301305	631	129585	120573
理化技术研究所 Technical Inst. of Physics and Chemistry	433493	432606	887	207338	181964

续表 6-6

其中: 20 世纪 90 年代制造 Of which: Made in the 1990s				其中: 2000 年及以后制造 Of which: Made after 2000			
总额（千元）Total value (thousand yuan)	100 千元以上 Above 100 (thousand yuan)	其中: 进口（千元）Of which: Imported (thousand yuan)	100 千元以上 Above 100 (thousand yuan)	总额（千元）Total value (thousand yuan)	100 千元以上 Above 100 (thousand yuan)	其中: 进口（千元）Of which: Imported (thousand yuan)	100 千元以上 Above 100 (thousand yuan)
448606	354279	160844	136709	9821727	8110667	4145128	3730787
224452	190810	175216	167391	5416119	4301116	3370374	3047788
183072	152047	134850	125604	3666253	2656669	2033020	1844744
253405	172115	83342	53793	6044891	4128570	4233246	3297341
575505	468781	294456	272634	10444072	8710422	5643619	5269281
314				30042	7032	3409	3409
				75631	26021		
50245	42304	42641	39137	996566	825355	828824	752793
8909	6291	2729	2044	653496	571244	159850	148792
				26638	22408		
55280	37293	21933	15244	1444282	1173618	538895	465065
31181	29895	3105	2462	731897	655841	144204	135294
33259	26189	24042	22143	358514	250394	102869	96332
69024	43717	1390	848	357882	357030	205948	181116

地区、学科及科研单位 Region，field and research institution	合计 Total				
	总额 （千元） Total value (thousand yuan)	100 千元以上 Above 100 (thousand yuan)	100 千元以上 台（套）数 Over 100 thousand yuan (set)	其中：进口 （千元） Of which: Imported (thousand yuan)	100 千元以上 Above 100 (thousand yuan)
化学研究所 Inst. of Chemistry	587357	475911	1039	464528	434271
生态环境研究中心 Research Center for Eco-Environmental Sciences	329172	229261	510	246156	208289
国家纳米科学中心 National Center for Nanoscience and Technology	209873	196128	303	185610	177833
过程工程研究所 Inst. of Process Engineering	516704	315248	630	200645	175742
遥感与数字地球研究所 Inst. of Remote Sensing and Digital Earth	222164	169415	268	70916	69842
地理科学与资源研究所 Inst. of Geographic Sciences and Natural Resources Research	294205	190215	397	118450	111220
青藏高原研究所 Inst. of Tibetan Plateau Research	97980	82563	238	63599	56013
古脊椎动物与古人类研究所 Inst. of Vertebrate Paleontology and Paleoanthropology	35483	19292	47	30041	19292
地质与地球物理研究所 Inst. of Geology and Geophysics	601437	492078	705	404934	386901
大气物理研究所 Inst. of Atmospheric Physics	380292	238279	530	163027	142966
植物研究所 Inst. of Botany	274167	202924	450	236173	193045
动物研究所 Inst. of Zoology	293555	1676	418	211299	1372
心理研究所 Inst. of Psychology	65942	43624	115	38904	19089
微生物研究所 Inst. of Microbiology	308772	205277	542	245875	194762
生物物理研究所 Inst. of Biophysics	660398	539047	809	379321	358098
遗传与发育生物学研究所 Inst. of Genetics and Developmental Biology	412606	277221	591	261660	213089
北京基因组研究所 Beijing Inst. of Genomics	140724	124017	122	109027	100068

续表 6-6

其中: 20 世纪 90 年代制造 Of which: Made in the 1990s				其中: 2000 年及以后制造 Of which: Made after 2000			
总额（千元）Total value (thousand yuan)	100 千元以上 Above 100 (thousand yuan)	其中: 进口（千元）Of which: Imported (thousand yuan)	100 千元以上 Above 100 (thousand yuan)	总额（千元）Total value (thousand yuan)	100 千元以上 Above 100 (thousand yuan)	其中: 进口（千元）Of which: Imported (thousand yuan)	100 千元以上 Above 100 (thousand yuan)
32263	28899	28844	27737	552801	445275	433813	404797
8470	5877	6484	5717	318790	221510	238139	201895
				209873	196128	185610	177833
21948	12967	13169	11306	446092	300262	183827	162417
4257	3651	3215	3215	217907	165764	67701	66627
5205	2827	1825	1824	288979	187388	116625	109396
				97980	82563	63599	56013
2716	660	660	660	31181	18532	20136	18532
52351	50476	48868	48342	540011	435345	350825	335583
13089	11651	1868	1782	364794	224370	160350	140374
7516	6443	6821	6134	266651	196481	229352	186911
10077	52	9082	52	280816	1623	199472	1319
2640	2093	1561	1561	63302	41531	37343	17528
9421	4233	8792	4233	299057	200850	236789	190334
17733	14742	8506	8093	640270	522681	369154	348382
11210	8421	224	153	375111	267839	261340	212936
448	448	448	448	140276	123569	108579	99620

地区、学科及科研单位 Region, field and research institution	合计 Total				
	总额（千元） Total value (thousand yuan)	100 千元以上 Above 100 (thousand yuan)	100 千元以上台（套）数 Over 100 thousand yuan (set)	其中：进口（千元） Of which: Imported (thousand yuan)	100 千元以上 Above 100 (thousand yuan)
计算技术研究所 Inst. of Computing Technology	291295	170538	365	57045	55206
软件研究所 Inst. of Software	176053	99026	244	8189	8189
信息工程研究所 Inst.of Information Engineering	75025	38528	156	3022	3022
半导体研究所 Inst. of Semiconductors	665425	579099	918	473559	445649
微电子研究所 Inst. of Microelectronics	700729	647983	677	566625	554568
电子学研究所 Inst. of Electronics	596991	484288	1115	318489	285261
自动化研究所 Inst. of Automation	259440	130934	261	130964	127914
光电研究院 Academy of Opto-Electronics	272763	220810	378	100006	94130
电工研究所 Inst. of Electrical Engineering	288503	227592	601	126029	109228
工程热物理研究所 Inst. of Engineering Thermophysics	272491	219886	314	62319	56045
空间科学与应用研究中心 Center for Space Science and Applied Research	328197	277233	532	147860	135985
空间应用工程与技术中心 Technology and Engineering Center for Space Utilization	6734	2312	18		
对地观测与数字地球科学中心 Center for Earth Observation and Digital Earth	468883	378193	282	128013	124028
自然科学史研究所 Inst. of History of Natural Sciences	14286	3548		3409	3409
科技政策与管理科学研究所 Inst. of Policy and Management	16070	3484	13		
北京综合研究中心 Beijing Advanced Sciences and Innovation Centre	201				
天津工业生物技术研究所 Tianjin Inst. of Industrial Biotechnology	103082	76585	128	77082	69613
山西煤炭化学研究所 Shanxi Inst. of Coal Chemistry	359782	251694	641	153479	135011

续表 6-6

其中: 20 世纪 90 年代制造 Of which: Made in the 1990s				其中: 2000 年及以后制造 Of which: Made after 2000			
总额（千元） Total value (thousand yuan)	100 千元以上 Above 100 (thousand yuan)	其中: 进口（千元） Of which: Imported (thousand yuan)	100 千元以上 Above 100 (thousand yuan)	总额（千元） Total value (thousand yuan)	100 千元以上 Above 100 (thousand yuan)	其中: 进口（千元） Of which: Imported (thousand yuan)	100 千元以上 Above 100 (thousand yuan)
3474	1895	1895	1895	287677	168505	55012	53173
54				175999	99026	8189	8189
519	510			74506	38018	3022	3022
66889	61217	51434	49061	593640	513853	418562	393538
53864	53554	51841	51712	636275	584693	504305	493121
14715	10423	10911	8929	579710	473053	306456	275709
176				259252	130934	127914	127914
58667	54475	2399	1119	214096	166335	97607	93011
4855	2601	3551	2411	283198	224851	122275	106676
7358	4409	2030	791	264041	215342	60110	55254
73822	67237	13960	11701	248686	206861	132963	123681
				6734	2312		
37053	33562	5294	5055	431751	344631	122719	118973
314				13972	3548	3409	3409
				16070	3484		
				201			
				103082	76585	77082	69613
9856	7220	7257	6770	347110	243579	144536	127474

地区、学科及科研单位 Region，field and research institution	合计 Total				
	总额（千元） Total value (thousand yuan)	100 千元以上 Above 100 (thousand yuan)	100 千元以上台（套）数 Over 100 thousand yuan (set)	其中：进口（千元） Of which: Imported (thousand yuan)	100 千元以上 Above 100 (thousand yuan)
辽宁省、山东省 Liaoning and Shandong Provinces					
大连化学物理研究所 Dalian Inst. of Chemical Physics	1215942	960521	1833	671013	624907
沈阳应用生态研究所 Shenyang Inst. of Applied Ecology	151728	92573	243	75999	62479
沈阳自动化研究所 Shenyang Inst. of Automation	207782	169644	343	117000	106390
金属研究所 Inst. of Metal Research	913220	832626	1109	531978	524519
海洋研究所 Inst. of Oceanology	365005	250982	520	260089	206577
烟台海岸带研究所 Yantai Inst. of Coastal Zone Research	97877	59929	137	57398	51997
青岛生物能源与过程研究所 Qingdao Inst. of Bioenergy and Bioprocess Technology	84570	59905	107	41602	41038
吉林省 Jilin Province					
长春应用化学研究所 Changchun Inst. of Applied Chemistry	504539	392285	691	382795	297627
东北地理与农业生态研究所 Northeast Inst. of Geography and Agroecology	101628	95620	249	65198	65198
长春光学精密机械与物理研究所 Changchun Inst. of Optics，Fine Mechanics and Physics	1076879	956939	1416	585007	504563
上海市、福建省、浙江省 Shanghai, Fujian Province, and Zhejiang Province					
上海应用物理研究所 Shanghai Inst. of Applied Physics	1678873	1347053	2476	634681	595951
上海天文台 Shanghai Observatory	331909	298817	350	78472	70126
上海硅酸盐研究所 Shanghai Inst. of Ceramics	609116	532981	926	377748	362784
上海有机化学研究所 Shanghai Inst. of Organic Chemistry	433889	342104	716	315980	278735

续表 6-6

其中: 20 世纪 90 年代制造 Of which: Made in the 1990s				其中: 2000 年及以后制造 Of which: Made after 2000			
总额（千元）Total value (thousand yuan)	100 千元以上 Above 100 (thousand yuan)	其中: 进口（千元）Of which: Imported (thousand yuan)	100 千元以上 Above 100 (thousand yuan)	总额（千元）Total value (thousand yuan)	100 千元以上 Above 100 (thousand yuan)	其中: 进口（千元）Of which: Imported (thousand yuan)	100 千元以上 Above 100 (thousand yuan)
37346	31940	26300	24751	1175286	925792	641533	597367
8406	6697	7377	487	143041	85876	68546	61992
4152	2688	2394	1376	201670	165495	113409	103868
48513	42696	31087	30068	844402	774956	487296	482552
20643	13973	17159	12830	342198	233428	238841	191783
				97877	59929	57398	51997
				84570	59905	41602	41038
26553	24285	23606	23558	469766	360619	351081	266775
9325	4768	1824	1824	88298	88296	62823	62823
23668	17209	12134	10643	1037952	929038	560244	483228
9142	5615	4761	4342	1663703	1336744	624966	587052
5541	4554	1803	1170	263038	243890	75921	68442
31564	29237	28374	28086	569016	496625	344276	330208
24720	22554	23113	21547	403473	319550	292842	257188

地区、学科及科研单位 Region，field and research institution	合计 Total				
	总额 （千元） Total value (thousand yuan)	100 千元以上 Above 100 (thousand yuan)	100 千元以上台（套）数 Over 100 thousand yuan (set)	其中：进口 （千元） Of which: Imported (thousand yuan)	100 千元以上 Above 100 (thousand yuan)
上海药物研究所 Shanghai Inst. of Materia Medica	497462	406650	691	418653	372351
上海生命科学研究院 Shanghai Institutes for Biological Sciences	1686725	1051291	2721	1067079	835942
上海微系统与信息技术研究所 Shanghai Inst. of Microsystem and Information Technology	903245	796230	1167	654605	631959
上海光学精密机械研究所 Shanghai Inst. of Optics and Fine Mechanics	618995	497304	945	413683	367365
上海技术物理研究所 Shanghai Inst. of Technical Physics	851345	730490	1233	514743	464346
上海高等研究院 Shanghai Advanced Research Institute	223746	179626	506	140095	125390
福建物质结构研究所 Fujian Inst. of Research on the Structure of Matter	272027	263903	490	136766	129682
宁波材料技术与工程研究所 Ningbo Inst. of Material Technology and Engineering	298929	247270	509	106565	102310
城市环境研究所 Inst. of Urban Environment	119779	70519	136	75213	58234
江苏省 Jiangsu Province					
紫金山天文台 Purple Mountain Observatory	303077	285952	578	144558	144337
南京地理与湖泊研究所 Nanjing Inst. of Geography and Limnology	125392	117507	309	88029	74095
南京地质古生物研究所 Nanjing Inst. of Geology and Palaeontology	56652	48208	98	53876	47151
南京土壤研究所 Nanjing Inst. of Soil Science	136701	98352	261	87220	78100
苏州纳米技术与纳米仿生研究所 Suzhou Inst. of Nano-Tech and Nano-Bionics	297122	248787	453	200342	186005
苏州生物医学工程技术研究所 Suzhou Inst. of Biomedical Engineering and Technology	112833	93031	162	86596	77892
安徽省 Anhui Province					
合肥物质科学研究院 Hefei Institutes of Physical Sciences	1249755	1046045	1584	456818	419474

其中: 20 世纪 90 年代制造 Of which: Made in the 1990s				其中: 2000 年及以后制造 Of which: Made after 2000			
总额（千元）Total value (thousand yuan)	100 千元以上 Above 100 (thousand yuan)	其中：进口（千元）Of which: Imported (thousand yuan)	100 千元以上 Above 100 (thousand yuan)	总额（千元）Total value (thousand yuan)	100 千元以上 Above 100 (thousand yuan)	其中：进口（千元）Of which: Imported (thousand yuan)	100 千元以上 Above 100 (thousand yuan)
5487	5033	5141	5033	488417	398059	409954	363760
138779	92710	8832	5592	1499040	958581	1058247	830350
28189	26085	25590	24686	874135	769224	628094	606352
19583	15407	14743	13274	596576	480173	396886	352491
44479	39349	34370	31525	802588	688623	477577	430843
				223746	179626	140095	125390
8450	7303	26		262340	256085	136682	129682
				298929	247270	106565	102310
				119779	70519	60980	58234
6323	5783	2108	2108	291502	277145	139543	139324
5200	401	483	401	119883	95929	87320	73694
3880	3051	3799	3051	49611	43494	47075	42654
2299	2023			133066	95054	87220	78100
				297122	248787	200342	186005
				112833	93031	86596	77892
105874	102896	23939	23210	1129532	930628	431923	395494

地区、学科及科研单位 Region，field and research institution	合计 Total				
	总额（千元） Total value (thousand yuan)	100 千元以上 Above 100 (thousand yuan)	100 千元以上台（套）数 Over 100 thousand yuan (set)	其中: 进口（千元） Of which: Imported (thousand yuan)	100 千元以上 Above 100 (thousand yuan)
湖北省 Hubei Province					
武汉物理与数学研究所 Wuhan Inst. of Physics and Mathematics	321561	279652	488	288960	223449
武汉岩土力学研究所 Wuhan Inst. of Rock and Soil Mechanics	82151	55962	122	46950	45522
测量与地球物理研究所 Inst. of Geodesy and Geophysics	51355	38692	59	29918	28039
武汉植物园 Wuhan Botanical Garden	63498	46565	81	14045	14045
水生生物研究所 Inst. of Hydrobiology	193268	143928	465	180221	129594
武汉病毒研究所 Wuhan Inst. of Virology	158523	102104	221	122289	92093
广东省、湖南省 Guangdong and Hunan Provinces					
广州地球化学研究所 Guangzhou Inst. of Geochemistry	229931	195144	300	189199	179167
南海海洋研究所 South China Sea Inst. of Oceanology	216370	185920	365	151038	129298
华南植物园 South China Botanical Garden	68904	42070	114	48334	37440
广州生物医药与健康研究院 Guangzhou Institutes of Biomedicine and Health	198129	138048	345	119566	109896
广州能源研究所 Guangzhou Inst. of Energy Conversion	131291	96361	188	44773	43286
亚热带农业生态研究所 Inst. of Subtropical Agriculture	56330	42878	111	40228	36362
深圳先进技术研究院 Shenzhen Institutes of Advanced Technology	328402	256039	499	149452	134270
四川省、重庆市 Sichuan Province and Chongqing					
成都山地灾害与环境研究所 Chengdu Inst. of Mountain Hazards and Environment	63495	41174	138	39057	34702
成都生物研究所 Chengdu Inst. of Biology	95988	60587	144	64151	53037
光电技术研究所 Inst. of Optics and Electronics	587427	537092	693	393638	381701

续表 6-6

其中: 20 世纪 90 年代制造 Of which: Made in the 1990s				其中: 2000 年及以后制造 Of which: Made after 2000			
总额（千元）Total value (thousand yuan)	100 千元以上 Above 100 (thousand yuan)	其中：进口（千元）Of which: Imported (thousand yuan)	100 千元以上 Above 100 (thousand yuan)	总额（千元）Total value (thousand yuan)	100 千元以上 Above 100 (thousand yuan)	其中：进口（千元）Of which: Imported (thousand yuan)	100 千元以上 Above 100 (thousand yuan)
14483	13815	13484	13198	284615	243523	233980	209604
8451	1880	2374	1695	71983	52702	43196	42447
3784	3458	2767	2698	44937	32840	23626	22947
360	221	221	221	62984	43097	13824	13824
7792	6892	6959	5792	184257	135817	173262	123802
2615	1543	1792	1543	155552	100561	112253	90550
12460	11949	12223	11829	213239	179137	172795	163280
8327	8327	8122	8122	173799	143349	138068	116328
4113	3338	3695	3095	64791	38732	44639	34344
				198129	138048	119566	109896
2576	1769	1618	1583	128696	94592	43155	41703
660	387			55657	42491	40228	36362
				328402	256039	149452	134270
3105	3053	2227	2226	60313	38121	36823	31630
1540	1319	1382	1319	94445	59267	62769	51718
23170	18933	15569	14301	557901	515964	375452	365965

地区、学科及科研单位 Region, field and research institution	合计 Total				
	总额 （千元） Total value (thousand yuan)	100千元以上 Above 100 (thousand yuan)	100千元以上台（套）数 Over 100 thousand yuan (set)	其中：进口 （千元） Of which: Imported (thousand yuan)	100千元以上 Above 100 (thousand yuan)
重庆绿色智能技术研究院 Chongqing Inst. of Green and Intelligent Technology	138340	123620	178	80439	76505
云南省、贵州省 Yunnan and Guizhou Provinces					
地球化学研究所 Inst. of Geochemistry	153446	135230	187	119253	113163
昆明植物研究所 Kunming Inst. of Botany	243828	187128	298	137612	46825
西双版纳热带植物园 Xishuangbanna Tropical Botanical Garden	97777	71760	158	56447	46002
昆明动物研究所 Kunming Inst. of Zoology	202566	146154	262	162241	128137
陕西省 Shaanxi Province					
地球环境研究所 Inst. of Earth Environment	109694	98013	155	92758	86600
西安光学精密机械研究所 Xi'an Inst. of Optics and Precision Mechanics	426005	333791	382	213880	124782
国家授时中心 National Time Service Center	386802	332820	529	176398	155081
甘肃省、青海省 Gansu and Qinghai Provinces					
近代物理研究所 Inst. of Modern Physics	1051242	779687	1778	367817	278843
兰州化学物理研究所 Lanzhou Inst. of Chemical Physics	329877	266437	530	202897	191662
寒区旱区环境与工程研究所 Cold and Arid Regions Environmental and Engineering Research Inst.	425267	247227	655	63818	59153
青海盐湖研究所 Qinghai Inst. of Saline Lakes	64844	45016	81	36754	35826
西北高原生物研究所 Northwest Inst. of Plateau Biology	79883	59493	173	53057	46266
新疆维吾尔自治区 Xinjiang Uygur Autonomous Region					
新疆理化技术研究所 Xinjiang Technical Inst. of Physics and Chemistry	138536	112958	212	94661	88979
新疆生态与地理研究所 Xinjiang Inst. of Ecology and Geography	174020	114518	288	83746	74137

续表 6-6

其中: 20 世纪 90 年代制造 Of which: Made in the 1990s				其中: 2000 年及以后制造 Of which: Made after 2000			
总额（千元）Total value (thousand yuan)	100 千元以上 Above 100 (thousand yuan)	其中：进口（千元）Of which: Imported (thousand yuan)	100 千元以上 Above 100 (thousand yuan)	总额（千元）Total value (thousand yuan)	100 千元以上 Above 100 (thousand yuan)	其中：进口（千元）Of which: Imported (thousand yuan)	100 千元以上 Above 100 (thousand yuan)
				138340	123620	80349	76505
10322	9886	9988	9886	142721	124941	109265	103277
10047	6212	2396	1779	232384	180793	134485	44923
3222	2584	1534	1534	94555	69176	54913	44468
7296	5374	7110	5374	195270	140780	155131	122763
4640	4371	4576	4371	105054	93642	88182	82229
59729	14762	13636	12504	355170	317388	125911	111543
9042	6199	3852	3538	360821	312543	169757	149429
38996	25484	10242	3321	977181	721790	354475	273676
20204	18329	16749	16625	307365	247279	184826	174208
19728	17070	13076	10600	404338	228593	50556	46693
3078	2199	1294	1294	57085	39625	32867	31939
1744	1350	1469	1350	77335	58143	50900	44916
2856	2364	2441	2249	134245	109791	90777	85927
4040	2475	2170	1943	163354	110489	80032	70650

6-7 科研机构研究与试验发展人员全时当量

Full-time Equivalent of R&D Personnel in Research Institutions

单位：人·年 (man·year)

年份 Year	研究与试验发展人员全时当量 Total full-time equivalent of R&D personnel (A)	基础研究 Basic research	应用研究 Applied research	试验发展 Experimental development	其中：科学家和工程师 Among which: Scientists and engineers (B)	比重 % of total (B/A)
1996	30677	10890	16259	3528	25455	83
1997	30181	10956	16237	2988	25085	83.1
1998	30611	11295	16591	2725	26585	86.8
1999	28436	10408	15810	2218	24771	87.1
2000	28084	11262	14940	1882	24666	87.8
2001	25199	10584	13154	1461	22541	89.5
2002	27646	11114	15205	1327	23413	84.7
2003	30937	12529	16892	1516	25903	83.7
2004	34898	14521	18901	1476	29457	84.4
2005	37246	15494	20076	1676	31014	83.3
2006	38911	17061	19283	2567	31589	81.2
2007	44307	14653	25205	4449	37026	83.6
2008	45358	15713	25235	4410	37416	82.5
2009	51230	18224	29378	3628		
2010	56015	20203	31829	3983		
2011	61859	23325	33917	4617		
2012	67767	26893	36258	4616		
2013	73561	29335	39109	5117		

注：R&D 人员折合全时工作量=R&D 课题人员折合全时工作量+管理 R&D 课题的科技管理人员和为 R&D 课题提供直接服务的科技服务人员的折合全时工作量。

Note:The full-time equivalent of R&D personnel is equivalent to the full-time equivalent of R&D project personnel plus that of management and service personnel directly for the R&D projects.

6-8 科研机构研究与试验发展经费支出

Research Institution R&D Expenditure

单位：亿元 (100 million yuan)

年份 Year	研究与试验发展经费支出 Total R&D expenditure	基础研究 Basic research	比重 % of total	应用研究 Applied research	比重 % of total	试验发展 Experimental development	比重 % of total	占全国R&D经费支出% Percentage of national R&D expenditure
1996	21.9	6.88	31.4	11.11	50.7	3.91	17.9	5.4
1997	24.73	7.62	30.8	13.52	54.7	3.59	14.5	4.9
1998	27.33	8.66	31.7	14.84	54.3	3.83	14	5
1999	31.24	10.62	34	16.81	53.8	3.81	12.2	4.6
2000	40.28	14.82	36.8	21.7	53.9	3.76	9.3	4.5
2001	53.6	21.35	39.8	28.05	52.3	4.2	7.9	5.1
2002	78.08	29.2	37.4	43.33	55.5	5.55	7.1	6.1
2003	82.84	29.99	36.2	46.86	56.6	5.99	7.2	5.4
2004	93.2	33.53	36	53.39	57.3	6.28	6.7	4.7
2005	106.57	36.55	34.3	62.24	58.4	7.78	7.3	4.4
2006	109.87	40.98	37.3	58.12	52.9	10.77	9.8	3.7
2007	125.25	41.42	33.1	71.25	56.9	12.58	10	3.4
2008	153.53	53.27	34.7	85.42	55.6	14.93	9.7	3.3
2009	199.98	71.14	35.6	114.68	57.3	14.16	7.1	3.7
2010	223.61	80.65	36.1	127.06	56.8	15.9	7.1	3.2
2011	273.08	102.97	37.7	149.73	54.8	20.38	7.5	3.2
2012	320.3	127.11	39.7	171.38	53.5	21.82	6.8	
2013	350.71	139.86	39.9	186.45	53.1	24.4	7	

注：研究与试验发展经费支出包括用于R&D活动的科研基建费。

Note: The total R&D expenditure includes the capital construction of scientific research for R&D activities.

6-9 科研机构科技活动课题基本情况

Basic Statistics of S&T Projects in CAS Research Institutions

年份 Year	课题数 Projects	课题经费支出 (千元) Expenditure by project (thousand yuan)	课题参加人员全时当量(人·年) Full-time equivalent of project participants (man·year)	
				科学家和工程师 Scientists & engineers
1985	6220	298448	30650	23756
1986	6217	256235	30337	23144
1987	7091	334353	29125	22989
1988	7579	406347	29565	24477
1989	8287	478258	31015	26115
1990	8476	500561	30283	26780
1991	8051	472828	25463	22063
1992	9503	665757	24769	22342
1993	9922	818096	26405	24010
1994	9996	1129106	25374	23149
1995	10139	1169028	23382	21774
1996	9359	1144557	22742	21341
1997	10011	1475554	24437	22945
1998	10738	1626599	24665	23173
1999	10346	1967568	23206	21989
2000	10745	2622420	23202	21832
2001	10370	3084858	22009	20737
2002	10997	3958123	26454	23989
2003	11491	4358637	27101	24709
2004	12026	4968575	30408	28297
2005	12712	5526474	33360	30711
2006	14400	5778352	34753	32247
2007	17699	7473185	40283	38765
2008	19908	9148493	41027	39178
2009	23180	11576790	45694	
2010	25421	14214655	49403	
2011	28724	16997083	54098	
2012	32270	20686633	59645	
2013	35435	23281013	65263	

注：1. 课题数包括基础研究、应用研究、试验发展、研究与试验发展成果应用、科技服务和生产性活动课题。

Note: The figures include projects in basic research, applied research, experimental development, application of research and experimental development results, scientific and technical services and productive activities.

2. 课题参加人员全时当量包括参与全部课题的本单位人员及流动人员。

The full-time equivalent of project participants includes those who are from the institute as well as the staff on mobility for the project.

6-10 科研机构科技活动课题综合情况（2013 年）
Statistics of S&T Projects in CAS Research Institutions: 2013

地区及学科 Region and field	课题数 Projects		课题经费支出（千元） Expenditure by project (thousand yuan)	课题参加人员全时当量（人·年） Full-time equivalent of project participants (man · year)	
		当年开题 Number of projects started		本单位人员 Institution staff	流动人员 Staff on mobility
总计 Total	**35435**	**11062**	**23281013**	**37195**	**28068**
一、按地区、分院分 By region and branch					
北京分院（筹） Beijing Branch	14080	4306	9942675	14281	12426
沈阳分院 Shenyang Branch	2485	774	1596351	2825	1975
长春分院 Changchun Branch	1271	379	1199299	2410	1300
上海分院 Shanghai Branch	5731	1723	4648915	6235	4197
南京分院 Nanjing Branch	1768	538	659478	1218	950
合肥地区 Hefei Area	532	136	956835	1742	1216
武汉分院 Wuhan Branch	1616	517	618971	1124	1531
广州分院 Guangzhou Branch	2337	704	859520	2110	1293
成都分院 Chengdu Branch	1087	464	669112	1254	636
昆明分院 Kunming Branch	1597	440	466365	932	834
西安分院 Xi’an Branch	552	214	600832	783	248
兰州分院 Lanzhou Branch	1714	627	804032	1686	1087
新疆分院 Xinjiang Branch	665	240	258628	595	376
二、按学科分 By field					
数学、物理 Mathematics & physics	6384	1886	5266217	8023	5046
化学与化工 Chemistry & chemical engineering	5163	1475	3166676	5120	4930
地学 Earth sciences	7817	2812	2806413	4861	4518
生物学 Biological sciences	8076	2373	3779463	6506	6794
技术科学 Technological sciences	7786	2395	8201994	12487	6626
其他 Others	209	121	60250	198	154

注：流动人员指参与课题研究的在学研究生、在站博士后、客座人员及外聘人员等。

Note: The staff on mobility refers to the post graduates, post doctorate researchers, visiting scholars and invited staff who are participating in project research.

6-11 科研机构科技活动
Total S&T Projects in CAS Research

地区及学科 Region and field	基础研究课题 Basic research				
	课题数 Projects	课题经费支出（千元） Expenditure by project (thousand yuan)	课题参加人员全时当量（人·年） Full-time equivalent of project participants (man·year)		课题数 Projects
			本单位人员 Institution staff	流动人员 Staff on mobility	
总计 Total	**16740**	**8584365**	**14290**	**13241**	**16093**
一、按地区、分院分 By region and branch					
北京分院（筹） Beijing Branch	6467	3813867	5670	5897	6934
沈阳分院 Shenyang Branch	590	270896	566	559	1719
长春分院 Changchun Branch	288	103652	325	277	747
上海分院 Shanghai Branch	3179	1643733	2501	1891	1961
南京分院 Nanjing Branch	642	198904	397	350	1084
合肥地区 Hefei Area	245	548069	841	471	257
武汉分院 Wuhan Branch	1023	374515	682	1158	516
广州分院 Guangzhou Branch	1110	374311	944	715	949
成都分院 Chengdu Branch	414	138692	325	314	436
昆明分院 Kunming Branch	1234	338720	667	614	290
西安分院 Xi'an Branch	242	240693	217	131	299
兰州分院 Lanzhou Branch	1137	492622	1036	785	464
新疆分院 Xinjiang Branch	169	45691	120	79	437

课题按活动类型分类（2013 年）

Institutions,by Type of Research: 2013

应用研究课题 Applied research			试验发展课题 Experimental development			
课题经费支出（千元）Expenditure by project (thousand yuan)	课题参加人员全时当量（人·年）Full-time equivalent of project participants (man·year)		课题数 Projects	课题经费支出（千元）Expenditure by project (thousand yuan)	课题参加人员全时当量（人·年）Full-time equivalent of project participants (man·year)	
	本单位人员 Institution staff	流动人员 Staff on mobility			本单位人员 Institution staff	流动人员 Staff on mobility
12021211	**18668**	**13354**	**1257**	**1473067**	**2438**	**11254**
5560248	7881	5942	176	267744	269	4967
1045504	1965	691	49	53967	97	461
599287	1074	323	226	493271	1004	255
2393535	2862	1959	429	310354	549	1722
424029	774	373	22	8069	18	224
371384	831	498	2	20641	5	367
219952	367	1091	34	9771	23	1030
326020	876	674	137	63251	124	601
252342	503	311	71	167942	215	286
106187	217	523	10	2051	6	498
334122	437	156	1	390	3	101
220465	514	695	54	40061	51	669
168136	368	118	46	35555	74	73

地区及学科 Region and field	基础研究课题　Basic research				
	课题数 Projects	课题经费支出（千元） Expenditure by project (thousand yuan)	课题参加人员全时当量（人・年） Full-time equivalent of project participants (man・year)		课题数 Projects
			本单位人员 Institution staff	流动人员 Staff on mobility	
二、按学科分 By field					
数学、物理 Mathematics & physics	3534	3025102	4248	2551	2416
化学与化工 Chemistry & chemical engineering	1889	1114909	1801	2028	2978
地学 Earth sciences	4647	1622853	3008	2917	2819
生物学 Biological sciences	5370	2254856	3686	4530	2466
技术科学 Technological sciences	1247	552055	1485	1189	5258
其他 Others	53	14590	61	27	156

地区及学科 Region and field	研究与试验发展成果应用课题　Application of R&D results				
	课题数 Projects	课题经费支出（千元） Expenditure by project (thousand yuan)	课题参加人员全时当量（人・年） Full-time equivalent of project participants (man・year)		课题数 Projects
			本单位人员 Institution staff	流动人员 Staff on mobility	
总计 Total	**489**	**517833**	**759**	**328**	**815**
一、按地区、分院分 By region and branch					
北京分院(筹) Beijing Branch	162	90499	166	97	310
沈阳分院 Shenyang Branch	120	223828	185	53	7
长春分院 Changchun Branch	4	153	2	1	6
上海分院 Shanghai Branch	43	74496	141	73	115
南京分院 Nanjing Branch	3	978	2	3	17

续表 6-11

应用研究课题 Applied research			试验发展课题 Experimental development			
课题经费支出（千元）Expenditure by project (thousand yuan)	课题参加人员全时当量（人·年）Full-time equivalent of project participants (man·year)		课题数 Projects	课题经费支出（千元）Expenditure by project (thousand yuan)	课题参加人员全时当量（人·年）Full-time equivalent of project participants (man·year)	
	本单位人员 Institution staff	流动人员 Staff on mobility			本单位人员 Institution staff	流动人员 Staff on mobility
1896101	3146	2411	129	124055	158	1994
1789595	2918	2134	90	112221	151	1774
1019746	1636	2710	143	61431	89	2327
1416456	2583	4301	92	48588	118	3954
5853653	8249	1769	803	1126772	1922	1183
45660	137	29				22

科技服务课题 S&T services			生产性活动课题 Production activities			
课题经费支出（千元）Expenditure by project (thousand yuan)	课题参加人员全时当量（人·年）Full-time equivalent of project participants (man·year)		课题数 Projects	课题经费支出（千元）Expenditure by project (thousand yuan)	课题参加人员全时当量（人·年）Full-time equivalent of project participants (man·year)	
	本单位人员 Institution staff	流动人员 Staff on mobility			本单位人员 Institution staff	流动人员 Staff on mobility
471148	926	493	41	213389	115	32
134910	246	155	31	75407	50	20
2156	13	3				
2936	5	3				
99818	130	63	4	126979	51	5
27498	27	12				

地区及学科 Region and field	研究与试验发展成果应用课题　Application of R&D results				
	课题数 Projects	课题经费支出（千元） Expenditure by project (thousand yuan)	课题参加人员全时当量（人·年） Full-time equivalent of project participants (man·year)		课题数 Projects
			本单位人员 Institution staff	流动人员 Staff on mobility	
合肥地区 Hefei Area	2	2320	3	15	26
武汉分院 Wuhan Branch	11	4248	13	5	32
广州分院 Guangzhou Branch	22	9403	27	26	119
成都分院 Chengdu Branch	64	87721	150	22	102
昆明分院 Kunming Branch	16	7221	9	4	44
西安分院 Xi'an Branch	1	939	2	3	8
兰州分院 Lanzhou Branch	35	10995	35	17	22
新疆分院 Xinjiang Branch	6	5032	24	9	7
二、按学科分 By field					
数学、物理 Mathematics & physics	70	34900	101	55	212
化学与化工 Chemistry & chemical engineering	104	98646	142	74	99
地学 Earth sciences	15	6219	8	7	192
生物学 Biological sciences	59	23415	38	32	86
技术科学 Technological sciences	241	354653	470	160	226
其他 Others					

续表 6-11

科技服务课题 S&T services			生产性活动课题 Production activities			
课题经费支出（千元）Expenditure by project (thousand yuan)	课题参加人员全时当量（人·年）Full-time equivalent of project participants (man·year)		课题数 Projects	课题经费支出（千元）Expenditure by project (thousand yuan)	课题参加人员全时当量（人·年）Full-time equivalent of project participants (man·year)	
	本单位人员 Institution staff	流动人员 Staff on mobility			本单位人员 Institution staff	流动人员 Staff on mobility
14421	62	88				
10485	40	13				
86535	140	80				
22415	61	34				
6528	29	22	3	5658	7	3
20239	118	8	1	4449	5	1
38993	47	12	2	896	2	4
4214	9	1				
128685	348	193	23	57374	21	15
48897	105	47	3	2408	3	4
96147	120	85	1	17	0	
29865	76	46	3	6283	7	3
167554	278	121	11	147307	84	10

6-12 科研机构科技活动

Total S&T Projects in CAS Research

地区及学科 Region and field	国家 State				
	课题数 Projects	课题经费支出（千元） Expenditure by project (thousand yuan)	课题参加人员全时当量（人·年） Full-time equivalent of project participants (man·year)		课题数 Projects
			本单位人员 Institution staff	流动人员 Staff on mobility	
总计 Total	**17829**	**11651241**	**18908**	**16080**	**6107**
一、按地区、分院分 By region and branch					
北京分院（筹） Beijing Branch	7924	5342096	8060	7985	2390
沈阳分院 Shenyang Branch	1463	839049	1529	1302	391
长春分院 Changchun Branch	732	861261	1715	671	178
上海分院 Shanghai Branch	2586	1912185	2512	1936	967
南京分院 Nanjing Branch	753	228939	465	484	378
合肥地区 Hefei Area	343	463815	868	726	118
武汉分院 Wuhan Branch	761	339357	506	878	237
广州分院 Guangzhou Branch	1104	396625	1040	720	279
成都分院 Chengdu Branch	401	406218	554	247	182
昆明分院 Kunming Branch	582	187996	385	420	330
西安分院 Xi'an Branch	288	264005	436	123	101
兰州分院 Lanzhou Branch	682	322487	662	478	341
新疆分院 Xinjiang Branch	210	87208	178	111	215

课题按主要任务来源分类（2013 年）

Institutions, by Source of Project: 2013

中国科学院 CAS			地方 Locality			
课题经费支出（千元） Expenditure by project (thousand yuan)	课题参加人员全时当量（人·年） Full-time equivalent of project participants (man·year)		课题数 Projects	课题经费支出（千元） Expenditure by project (thousand yuan)	课题参加人员全时当量（人·年） Full-time equivalent of project participants (man·year)	
	本单位人员 Institution staff	流动人员 Staff on mobility			本单位人员 Institution staff	流动人员 Staff on mobility
6220258	**7853**	**5334**	**3824**	**880230**	**2792**	**1802**
2826327	2918	2274	522	157947	401	285
258890	513	275	185	37400	143	87
118496	254	363	230	57581	222	113
1629812	1654	777	941	197439	679	371
180757	280	175	263	60848	169	135
274144	565	338	27	10215	49	56
109643	222	281	346	72799	166	171
182210	314	188	527	110968	449	193
82857	161	131	181	59817	166	132
111953	187	138	292	59828	146	126
133151	124	39	33	3384	20	14
242143	471	227	129	20446	68	36
69875	188	130	148	31558	115	84

地区及学科 Region and field	国家 State				
	课题数 Projects	课题经费支出（千元） Expenditure by project (thousand yuan)	课题参加人员全时当量（人·年）Full-time equivalent of project participants (man·year)		课题数 Projects
			本单位人员 Institution staff	流动人员 Staff on mobility	
二、按学科分 By field					
数学、物理 Mathematics & physics	3438	2237341	3723	2799	1321
化学与化工 Chemistry & chemical engineering	2597	1345767	2376	2525	766
地学 Earth sciences	3738	1358579	2411	2613	1237
生物学 Biological sciences	3895	1782657	3063	4058	1538
技术科学 Technological sciences	4069	4907979	7273	4033	1176
其他 Others	92	18918	64	52	69

地区及学科 Region and field	企业委托 Entrusted by enterprises				
	课题数 Projects	课题经费支出（千元） Expenditure by project (thousand yuan)	课题参加人员全时当量（人·年）Full-time equivalent of project participants (man·year)		课题数 Projects
			本单位人员 Institution staff	流动人员 Staff on mobility	
总计 Total	**3114**	**1711507**	**3073**	**1724**	**3296**
一、按地区、分院分 By region and branch					
北京分院（筹） Beijing Branch	1496	629428	1225	865	1196
沈阳分院 Shenyang Branch	287	402126	459	184	93
长春分院 Changchun Branch	47	13011	42	18	73
上海分院 Shanghai Branch	409	250512	461	199	691
南京分院 Nanjing Branch	115	35333	89	45	212

中国科学院 CAS			地方 Locality			
课题经费支出（千元）Expenditure by project (thousand yuan)	课题参加人员全时当量（人·年）Full-time equivalent of project participants (man·year)		课题数 Projects	课题经费支出（千元）Expenditure by project (thousand yuan)	课题参加人员全时当量（人·年）Full-time equivalent of project participants (man·year)	
	本单位人员 Institution staff	流动人员 Staff on mobility			本单位人员 Institution staff	流动人员 Staff on mobility
2023178	2512	1323	479	95965	326	221
875223	919	933	581	128776	438	226
723706	982	730	892	162693	416	344
1010952	1473	1307	1029	214366	650	523
1561540	1896	979	822	271632	936	468
25659	71	62	21	6798	26	21

研究所自选 Institute self-selection			国际合作 International cooperation			
课题经费支出（千元）Expenditure by project (thousand yuan)	课题参加人员全时当量（人·年）Full-time equivalent of project participants (man·year)		课题数 Projects	课题经费支出（千元）Expenditure by project (thousand yuan)	课题参加人员全时当量（人·年）Full-time equivalent of project participants (man·year)	
	本单位人员 Institution staff	流动人员 Staff on mobility			本单位人员 Institution staff	流动人员 Staff on mobility
1955606	**3390**	**2330**	**449**	**318296**	**407**	**301**
791471	1346	754	154	99080	107	105
36069	118	58	36	20909	53	63
138758	159	127	8	10005	15	6
549592	815	850	99	102391	92	42
136430	181	85	13	5468	8	8

地区及学科 Region and field	企业委托 Entrusted by enterprises				
	课题数 Projects	课题经费支出（千元） Expenditure by project (thousand yuan)	课题参加人员全时当量（人·年） Full-time equivalent of project participants (man·year)		课题数 Projects
			本单位人员 Institution staff	流动人员 Staff on mobility	
合肥地区 Hefei Area	13	15256	50	42	18
武汉分院 Wuhan Branch	126	51460	115	71	95
广州分院 Guangzhou Branch	184	88692	156	108	190
成都分院 Chengdu Branch	178	82454	232	69	121
昆明分院 Kunming Branch	112	40195	64	52	182
西安分院 Xi'an Branch	8	1593	9	2	62
兰州分院 Lanzhou Branch	117	92167	139	58	309
新疆分院 Xinjiang Branch	22	9280	32	13	54
二、按学科分 By field					
数学、物理 Mathematics & physics	423	209835	386	273	512
化学与化工 Chemistry & chemical engineering	600	272061	674	366	470
地学 Earth sciences	442	164982	210	177	1053
生物学 Biological sciences	557	196178	405	263	796
技术科学 Technological sciences	1082	867050	1395	638	453
其他 Others	10	1401	4	8	12

续表 6-12

研究所自选 Institute self-selection			国际合作 International cooperation			
课题经费支出（千元）Expenditure by project (thousand yuan)	课题参加人员全时当量（人・年）Full-time equivalent of project participants (man・year)		课题数 Projects	课题经费支出（千元）Expenditure by project (thousand yuan)	课题参加人员全时当量（人・年）Full-time equivalent of project participants (man・year)	
	本单位人员 Institution staff	流动人员 Staff on mobility			本单位人员 Institution staff	流动人员 Staff on mobility
10631	43	32	3	968	6	8
32765	88	88	25	8350	15	18
67817	111	65	27	7854	27	13
31091	127	51	17	5111	9	3
48158	98	66	45	12732	34	21
29872	75	46				
66640	181	82	10	4303	10	4
16312	48	26	12	41125	32	11
275599	702	328	33	36818	28	24
483340	573	771	67	35510	67	62
242884	571	364	71	65896	61	22
472633	742	484	202	93712	153	124
474620	771	373	73	85476	97	67
6530	31	10	3	884	2	2

6-13 科研机构科技活动课题按技术领域分类（2013 年）

Total S&T Projects in CAS Research Institutions, by Field of Technology: 2013

技术领域 Field of technology	课题数 Projects	课题经费支出（千元） Expenditure by project (thousand yuan)	课题参加人员全时当量（人・年） Full-time equivalent of project participants (man・year)	
			本单位人员 Institution staff	流动人员 Staff on mobility
合计 Total	**27728**	**19584182**	**30546**	**22036**
信息技术 Information technology	4740	4156526	6672	4085
生物和现代农业技术 Biotechnology & modern agricultural technology	6031	2692428	4931	4383
新材料技术 New materials technology	3582	2336273	3675	2494
能源技术 Energy technology	1684	2142864	2862	1662
激光技术 Laser technology	482	911469	1048	534
先进制造与自动化技术 Advanced manufacturing & automation technology	788	812186	1357	710
航天技术 Space technology	630	1429977	1514	612
资源与环境技术 Resources & environmental technology	6860	2905738	4802	5065
其他技术领域 Other technologies	2931	2196721	3686	2490

6-14 科研机构科技著作

S&T Works Published by CAS Research Institutions

年份 Year	科技专著 S&T works		译成外文 Those translated into foreign languages		用作大专院校教科书 Those used as text books for universities and colleges		科普著作 Popular science books	
	万字 Ten thousand Chinese characters	种 Title	万字 Ten thousand Chinese characters	种 Title	万字 Ten thousand Chinese characters	种 Title	万字 Ten thousand Chinese characters	种 Title
1985	4323		288		293		601	
1986	4529		413		410		474	
1987	5625	195	717	21	945	33	587	37
1988	8191	455	667	38	854	36	818	35
1989	7798	297	356	18	432	22	984	37
1990	11477	345	285	20	769	27	931	47
1991	9221	319	625	19	900	23	1105	41
1992	8316	245	463	18	383	11	357	12
1993	9792	292	1294	38	125	6	405	16
1994	13978	334	1398	29	248	9	1005	42
1995	11922	337	741	23	241	8	518	25
1996	11044	297	1430	36	109	5	481	24
1997	9541	296	621	19	179	5	990	36
1998	12712	347	804	25	539	14	861	36
1999	14474	371	1866	32	337	12	1114	55
2000	17327	429	1304	42	172	10	2979	103
2001	14650	348	648	31	418	17	2628	97
2002	15319	534	1289	37	1046	20	1102	83
2003	13467	401	1143	31	1303	21	1321	55
2004	15486	330	854	31	607	12	1622	68
2005	12228	330	884	35	414	15	800	60
2006	12178	323	758	24	508	13	1339	40
2007	10723	273	988	30	445	9	926	43
2008	12848	330	866	45	243	5	1001	48
2009	12887	329	1032	50	874	55	1343	48
2010	14248	288	810	35	155	3	419	20
2011	14862	358	931	56	293	5	614	31
2012	15749	356	747	65	62	6	1107	22
2013	16383	327	1434	73	379	5	510	35

6-15 科研机构科技著作（2013 年）

S&T Works Published by CAS Research Institutions: 2013

地区及学科 Region and field	科技专著 S&T works		译成外文 Those translated into foreign languages		用作大专院校教科书 Those used as text books for universities and colleges		科普著作 Popular science books	
	万字 Ten thousand Chinese characters	种 Title	万字 Ten thousand Chinese characters	种 Title	万字 Ten thousand Chinese characters	种 Title	万字 Ten thousand Chinese characters	种 Title
总计 Total	**16383**	**327**	**1434**	**73**	**379**	**5**	**510**	**35**
一、按地区、分院分 By region and branch								
北京分院（筹） Beijing Branch	10185	166	746	27	136	2	168	12
沈阳分院 Shenyang Branch	1096	18					27	5
长春分院 Changchun Branch	158	9	15	3				
上海分院 Shanghai Branch	553	27	82	9			68	6
南京分院 Nanjing Branch	639	17	70	3	168	1	60	3
合肥地区 Hefei Area	28	1					66	2
武汉分院 Wuhan Branch	832	12	3	1			8	1
广州分院 Guangzhou Branch	1583	28	33	6				
成都分院 Chengdu Branch	118	6	21	1				
昆明分院 Kunming Branch	378	8	285	6			46	1
西安分院 Xi’an Branch							13	1
兰州分院 Lanzhou Branch	629	31	179	17	75	2	54	4
新疆分院 Xinjiang Branch	184	4						
二、按学科分 By field								
数学、物理 Mathematics & physics	1711	45	419	14	75	2	156	9
化学与化工 Chemistry & chemical engineering	1028	54	64	22			43	2
地学 Earth sciences	8095	74	380	11			82	9
生物学 Biological sciences	3347	73	391	11	168	1	110	5
技术科学 Technological sciences	1622	57	180	15	136	2	69	5
其他 Others	580	24					50	5

6-16 学校及公共支撑机构科技活动课题综合情况（2013 年）

Statistics of S&T Projects in Universities and CAS Supporting Institutions: 2013

单位 Unit	课题数合计 Total projects		课题经费支出（千元） Expenditure by project (thousand yuan)	课题参加人员全时当量（人・年） Full-time equivalent of project participants (man・year)	
		当年开题 Number of projects started		本单位人员 Institution staff	流动人员 Staff on mobility
总计 Total	**3540**	**1278**	**973913**	**2983**	**5298**
中国科学技术大学 University of Science and Technology of China	2495	858	648505	1978	5160
中国科学院大学 University of CAS	652	252	80038	273	51
计算机网络信息中心 Computer Network Information Center	157	64	204445	477	46
文献情报中心 Documentation and Information Center	103	47	22921	142	6
武汉文献情报中心 Wuhan Documentation and Information Center	27		1828	15	
成都文献情报中心 Chengdu Documentation and Information Center	35	18	6528	39	5
兰州文献情报中心 Lanzhou Documentation and Information Center	71	39	9648	60	32

6-17 国家重点实验室

Basic Statistics of Staff in the

单位：人

国家重点实验室名称 Names of the state key laboratories	固定研究人员 Permanent researchers	高级 Senior
总计 **Total**	**8056**	**5258**
数学、物理 Mathematics & physics		
合肥微尺度物质科学国家实验室（筹）（中国科学技术大学） Hefei National Laboratory For Physical Sciences At the Microscale (University of Science and Technology of China)	223	167
北京凝聚态物理国家实验室（筹）（中国科学院物理研究所） Beijing National Laboratory For Condensed Matter Physics (Institute of Physics, CAS)	455	295
波谱与原子分子物理国家重点实验室（中国科学院武汉物理与数学研究所） State Key Laboratory of Magnetic Resonance and Atomic and Molecular Physics and Mathematics (Wuhan Institute of Physics, CAS)	71	67
声场声信息国家重点实验室（中国科学院声学研究所） State Key Laboratory of Acoustics, Speech and Signal Processing (Institute of Acoustics, CAS)	78	72
非线性力学国家重点实验室（中国科学院力学研究所） State Key Laboratory of Nonlinear Mechanics (Institute of Mechanics, CAS)	56	37
科学与工程计算国家重点实验室（中国科学院数学与系统科学研究院） State Key Laboratory of Scientific and Engineering Computing (Academy of Mathmatics and System Science, CAS)	48	28
半导体超晶格国家重点实验室（中国科学院半导体研究所） State Key Laboratory of Superlattices and Microstructures (Institute of Semiconductors, CAS)	32	31
强场激光物理国家重点实验室（中国科学院上海光学精密机械研究所） State Key Laboratory of High Field Laser Physics (Shanghai Institute of Optics and Fine Mechanics, CAS)	68	43
理论物理国家重点实验室（中国科学院理论物理研究所） State Key Laboratory of Theoretical Physics, Institute of Theoretical Physics, CAS	44	37
核探测与核电子学国家重点实验室（中国科学院高能物理研究所、中国科学技术大学） State Key Laboratory of Particle Detection and Electronics (Institute of High Energy Physics, CAS and University of Science and Technology of China)	127	89
高温气体动力学国家重点实验室（中国科学院力学研究所） State Key Laboratory of High Temperature Gas Dynamics (Institute of Mechanics, CAS)	88	56

人员情况（2013 年）

State Key Laboratories: 2013

(person)

客座研究人员 Guest researchers			人才培养 Talent training		
	国外 Overseas	国内高级 Senior	博士后 Postdoctors	博士 Candidates for doctor's degree	硕士 Candidates for master's degree
3549	**638**	**1558**	**1340**	**8986**	**7109**
5	5		39	206	301
17	3	14	46	476	283
135	12	90	13	141	113
33	1	25	13	63	87
8	4	4	3	45	62
28	6	11	3	59	48
12	5	7	11	86	29
39	4	27	5	43	24
691	228	293	16	83	41
34			8	121	122
24	11	13	3	21	47

国家重点实验室名称 Names of the state key laboratories	固定研究人员 Permanent researchers	高级 Senior
化学 Chemistry		
北京分子科学国家实验室（筹）（北京大学、中国科学院化学研究所） Beijing National Laboratory For Molecular Sciences (Peking University and Institute of Chemistry, CAS)	450	328
催化基础国家重点实验室（中国科学院大连化学物理研究所） State Key Laboratory of Catalysis (Dalian Institute of Chemical Physics, CAS)	89	68
分子反应动力学国家重点实验室（中国科学院大连化学物理研究所、化学研究所） State Key Laboratory of Molecular Reaction Dynamics (Dalian Institute of Chemical Physics and Institute of Chemistry, CAS)	76	43
生命有机化学国家重点实验室（中国科学院上海有机化学研究所） State Key Laboratory of Bioorganic Chemistry & Natural Product Chemistry, Shanghai Institute of Organic Chemistry, CAS	64	37
结构化学国家重点实验室（中国科学院福建物质结构研究所） State Key Laboratory of Structural Chemistry (Fujian Institute of Research on the Structure of Matter, CAS)	78	77
羰基合成和选择氧化国家重点实验室（中国科学院兰州化学物理研究所） State Key Laboratory of Oxo Synthesis and Selective Oxidation (Lanzhou Institute of Chemical Physics, CAS)	67	44
煤转化国家重点实验室（中国科学院山西煤炭化学研究所） State Key Laboratory of Coal Conversion (Shanxi Institute of Coal Chemistry, CAS)	64	56
高分子物理与化学国家重点实验室（中国科学院化学研究所、长春应用化学研究所） State Key Laboratory of Polymer Physics and Chemistry (Institute of Chemistry and Changchun Institute of Applied Chemistry, CAS)	64	58
金属有机化学国家重点实验室（中国科学院上海有机化学研究所） State Key Laboratory of Organometallic Chemistry (Shanghai Institute of Organic Chemistry, CAS)	103	43
电分析化学国家重点实验室（中国科学院长春应用化学研究所） State Key Laboratory of Electroanalytical Chemistry (Changchun Institute of Applied Chemistry, CAS)	52	50
稀土资源利用国家重点实验室（中国科学院长春应用化学研究所） State Key Laboratory of Rare Earth Resource Utilization (Changchun Institute of Applied Chemistry, CAS)	57	45
多相复杂系统国家重点实验室（中国科学院过程工程研究所） State Key Laboratory of Multiphase Complex Systems (Institute of Process Engineering, CAS)	87	81
地球科学 Geoscience		

续表 6-17

客座研究人员 Guest researchers			人才培养 Talent training		
	国外 Overseas	国内高级 Senior	博士后 Postdoctors	博士 Candidates for doctor's degree	硕士 Candidates for master's degree
73	13	60	66	682	279
6	3	3	19	100	45
58	3	12	19	57	56
			12	45	60
69		52	17	117	128
20		20		40	36
83	2	32	3	145	94
34	1	33	23	125	182
25		25	5	59	43
35	13	21	47	135	68
21		12	39	111	70
23	8	12	12	92	97

国家重点实验室名称 Names of the state key laboratories	固定研究人员 Permanent researchers	高级 Senior
大气科学和地球流体力学数值模拟国家重点实验室（中国科学院大气物理研究所） State Key Laboratory of Numerical Modeling for Atmospheric Sciences and Geophysical Fluid Dynamics (Institute of Atmospheric Physics, CAS)	94	58
有机地球化学国家重点实验室（中国科学院广州地球化学研究所） State Key Laboratory of Organic Geochemistry (Guangzhou Institute of Geochemistry, CAS)	79	59
资源与环境信息系统国家重点实验室（中国科学院地理科学与资源研究所） State Key Laboratory of Resources and Environmental Information System (Institute of Geographic Sciences and Natural Resources Research, CAS)	104	64
冻土工程国家重点实验室（中国科学院寒区旱区环境与工程研究所） State Key Laboratory of Frozen Soil Engineering (Cold and Arid Regions Environmental and Engineering Research Institute, CAS)	61	31
黄土与第四纪地质国家重点实验室（中国科学院地球环境研究所） State Key Laboratory of Loess and Quaternary Geology (Institute of Earth Environment, CAS)	54	43
大气边界层物理和大气化学国家重点实验室（中国科学院大气物理研究所） State Key Laboratory of Atmospheric Boundary Layer Physics and Atmospheric Chemistry (Institute of Atmospheric Physics, CAS)	78	43
环境模拟与污染控制国家重点实验室（清华大学、中国科学院生态环境研究中心、北京大学等） State Key Laboratory of Environmental Aquatic Chemistry (Tsinghua University, Research Center for Eco-Environmental Sciences, CAS, and Peking University)	47	19
环境地球化学国家重点实验室（中国科学院地球化学研究所） State Key Laboratory of Environmental Geochemistry (Institute of Geochemistry, CAS)	88	59
黄土高原土壤侵蚀与旱地农业国家重点实验室（水土保持与生态环境研究中心） State Key Laboratory of Soil Erosion and Dryland Farming on Loess Plateau（Institute of Soil and Water Conservation and Eco-Environmental Sciences）	86	58
现代古生物学和地层学国家重点实验室（中国科学院南京地质古生物研究所） State Key Laboratory of Palaeobiology and Stratigraphy (Nanjing Institute of Geology and Palaeontology, CAS)	43	36
遥感科学国家重点实验室（中国科学院遥感与数字地球研究所、北京师范大学） State Key Laboratory of Remote Sensing Science （Institute of Remote Sensing and Digital Earth, CAS and Beijing Normal University）	69	67
土壤与农业可持续发展国家重点实验室（中国科学院南京土壤研究所） State Key Laboratory of Soil and Sustainable Agriculture (Institute of Soil Science, CAS)	76	69
岩石圈演化国家重点实验室（中国科学院地质与地球物理研究所） State Key Laboratory of Lithospheric Evolution (Institute of Geology and Geophysics, CAS)	50	48

续表 6-17

客座研究人员 Guest researchers			人才培养 Talent training		
	国外 Overseas	国内高级 Senior	博士后 Postdoctors	博士 Candidates for doctor's degree	硕士 Candidates for master's degree
12	5	6	9	62	42
30	3	15	27	109	92
69		12	39	85	69
246	10	71	18	49	26
90	28	50	5	16	20
1	1		5	62	53
			5	57	23
12	6	5	22	62	57
40	19	12	4	154	201
75	5	39	15	26	23
42	8	29	6	73	49
45	1	44	14	107	79
15		3	27	88	39

国家重点实验室名称 Names of the state key laboratories	固定研究人员 Permanent researchers	高级 Senior
环境化学与生态毒理学国家重点实验室（中国科学院生态环境研究中心） State Key Laboratory of Environmental Chemistry and Ecotoxicology (Research Center for Eco-Environmental Sciences, CAS)	75	52
空间天气学国家重点实验室（中国科学院空间科学与应用研究中心） State Key Laboratory of Space Weather (Center for Space Science and Applied Research, CAS)	74	51
矿床地球化学国家重点实验室（中国科学院地球化学研究所） State Key Laboratory of Ore Deposit Geochemistry (Institute of Geochemistry, CAS)	89	54
湖泊与环境国家重点实验室（中国科学院南京地理与湖泊研究所） State Key Laboratory of Lake Science and Environments (Nanjing Institute of Geography and Limnology, CAS)	66	59
冰冻圈科学国家重点实验室（中国科学院寒区旱区环境与工程研究所） State Key Laboratory of Cryospheric Sciences (Cold and Arid Regions Environment and Engineering Research Institute, CAS)	88	46
城市与区域生态国家重点实验室（中国科学院生态环境研究中心） State Key Laboratory of Urban and Regional Ecology (Research Center for Eco-Environmental Sciences, CAS)	84	54
植被与环境变化国家重点实验室（中国科学院植物研究所） State Key Laboratory of Vegetation and Environmental Change (Institute of Botany, CAS)	155	62
同位素地球化学国家重点实验室（筹）（中国科学院广州地球化学研究所） State Key Laboratory of Isotope Geochemistry (Guangzhou Institute of Geochemistry, CAS)	60	46
大地测量与地球动力学国家重点实验室（筹）（中国科学院测量与地球物理研究所） State Key Laboratory of Geodesy and Earth's Dynamics (Institute of Geodesy and Geophysics, CAS)	70	55
荒漠与绿洲生态国家重点实验室（中国科学院新疆生态与地理研究所） State Key Laboratory of Desert and Oasis Ecology (Xinjiang Institute of Ecology and Geography, CAS)	72	59
热带海洋环境国家重点实验室（筹）（中国科学院南海海洋研究所） State Key Laboratory of Tropical Oceanography (South China Sea Institute of Oceanology, CAS)	66	60
森林与土壤生态国家重点实验室（筹）（中国科学院沈阳应用生态研究所） State Key Laboratory of Forest and Soil Ecology (Institute of Applied Ecology, CAS)	97	74
生物、医学 Biology & Medicine		
农业虫害鼠害综合治理研究国家重点实验室（中国科学院动物研究所） State Key Laboratory of Integrated Management of Pest Insects and Rodents (Institute of Zoology, CAS)	56	54

续表 6-17

客座研究人员 Guest researchers			人才培养 Talent training		
	国外 Overseas	国内高级 Senior	博士后 Postdoctors	博士 Candidates for doctor’s degree	硕士 Candidates for master’s degree
5	2	2	21	92	56
15	10	5	5	32	28
36	8	25	19	54	52
21	6	11	14	86	57
38	11	27	11	58	46
43	3		36	125	60
11	11		24	77	83
12	8	4	13	46	44
38	2	20	2	54	45
15	14	1	24	97	112
35	5	11	5	54	45
153	7	13	12	95	111
45	1	7	25	56	44

国家重点实验室名称 Names of the state key laboratories	固定研究人员 Permanent researchers	高级 Senior
生物大分子国家重点实验室（中国科学院生物物理研究所） State Key Laboratory of Biomacromolecules (Institute of Biophysics, CAS)	155	73
分子生物学国家重点实验室（中国科学院上海生命科学研究院） State Key Laboratory of Molecular Biology (Shanghai Institutes for Biological Sciences, CAS)	121	46
植物分子遗传国家重点实验室（中国科学院上海生命科学研究院） State Key Laboratory of Plant Molecular Genetics (Shanghai Institutes for Biological Sciences, CAS)	125	45
淡水生态与生物技术国家重点实验室（中国科学院水生生物研究所） State Key Laboratory of Freshwater Ecology and Biotechnology (Institute of Hydrobiology, CAS)	44	36
生物膜与膜生物工程国家重点实验室（中国科学院动物研究所、清华大学、北京大学） State Key Laboratory of Biomembranes and Membrane Biotechnology （Institute of Zoology, CAS, Tsinghua University and Peking University）	46	26
计划生育生殖生物学国家重点实验室（中国科学院动物研究所） State Key Laboratory of Reproductive Biology (Institute of Zoology, CAS)	74	33
微生物资源前期开发国家重点实验室（中国科学院微生物研究所） State Key Laboratory of Microbial Resources (Institute of Microbiology, CAS)	73	39
新药研究国家重点实验室（中国科学院上海药物研究所） State Key Laboratory of Drug Research (Shanghai Institute of Materia Media, CAS)	74	65
植物细胞与染色体工程国家重点实验室（中国科学院遗传与发育生物研究所） State Key Laboratory of Plant Cell and Chromosome Engineering (Institute of Genetics and Developmental Biology, CAS)	75	35
生化工程国家重点实验室（中国科学院过程工程研究所） State Key Laboratory of Biochemical Engineering (Institute of Process Engineering, CAS)	71	57
植物化学与西部植物资源持续利用国家重点实验室（中国科学院昆明植物研究所） State Key Laboratory of Phytochemistry and Plant Resources in West China (Kunming Institute of Botany, CAS)	98	55
植物基因组学国家重点实验室（中国科学院遗传与发育生物学研究所、微生物研究所） State Key Laboratory of Plant Genomics (Institute of Genetics and Development Biology and Institute of Microbiology, CAS)	147	56
系统与进化植物学国家重点实验室（中国科学院植物研究所） State Key Laboratory of Systematic and Evolutionary Botany (Institute of Botany, CAS)	96	50
脑与认知科学国家重点实验室（中国科学院生物物理研究所） State Key Laboratory of Brain and Cognitive Science(Institute of Biophysics, CAS)	95	54

续表 6-17

客座研究人员 Guest researchers			人才培养 Talent training		
	国外 Overseas	国内高级 Senior	博士后 Postdoctors	博士 Candidates for doctor's degree	硕士 Candidates for master's degree
2	2		13	122	120
16		16	18	137	51
20	4	11	30	131	70
46		23	31	125	106
			18	64	31
21		21	26	103	52
23		12	12	73	43
17		15	20	159	138
24			26	137	7
34	6	24	5	75	91
21	2	6	4	87	86
42		2	42	171	47
26	5	2	5	61	63
8	8		14	78	66

国家重点实验室名称 Names of the state key laboratories	固定研究人员 Permanent researchers	高级 Senior
病毒学国家重点实验室（武汉大学、中国科学院武汉病毒研究所） State Key Laboratory of Virology （Wuhan University and Wuhan Institute of Virology, CAS）	57	56
神经科学国家重点实验室（中国科学院上海生命科学研究院） State Key Laboratory of Neuroscience (Shanghai Institutes for Biological Sciences, CAS)	95	36
遗传资源与进化国家重点实验室（中国科学院昆明动物研究所） State Key Labortatory of Genetic Resources and Evolution (Kunming Institute of Zoology, CAS)	110	37
细胞生物学国家重点实验室（中国科学院上海生命科学研究院） State Key Laboratory of Cell Biology (Shanghai Institutes for Biological Sciences, CAS)	141	48
分子发育生物学国家重点实验室（中国科学院遗传与发育生物学研究所） State Key Laboratory of Molecular Developmental Biology, Institute of Genetics and Developmental Biology, CAS	106	43
真菌学国家重点实验室（中国科学院微生物研究所） State Key Laboratory of Mycology (Institute of Microbiology, CAS)	77	33
技术科学 Technological sciences		
沈阳材料科学国家（联合）实验室（中国科学院金属研究所） Shenyang National Laboratory For Materials Science (Institute of Metals Research, CAS)	193	117
红外物理国家重点实验室（中国科学院上海技术物理研究所） State Key Laboratory of Infrared Physics (Shanghai Institute of Technical Physics, CAS)	67	58
传感技术联合国家重点实验室（中国科学院上海微系统与信息技术研究所、电子学研究所等） State Key Laboratory of Transducer Technology （Shanghai Institute of Microsystem and Information Technology and Institute of Electronics, CAS）	104	85
应用光学国家重点实验室（中国科学院长春光学精密机械与物理研究所） State Key Laboratory of Applied Optics (Changchun Institute of Optics，Fine Mechanics and Physics, CAS)	122	63
模式识别国家重点实验室（中国科学院自动化研究所） State Key Laboratory of Pattern Recognition (Institute of Automation, CAS)	102	57
信息安全国家重点实验室（中国科学院信息工程研究所） State Key Laboratory of Information Security (Institute of Information Engineering, CAS)	129	51
集成光电子学国家重点实验室（清华大学、吉林大学、中国科学院半导体研究所） State Key Laboratory of Integrated Photoelectronics （Tsinghua University, Jilin University and Institute of Semiconductors, CAS）	32	32

续表 6-17

客座研究人员 Guest researchers			人才培养 Talent training		
	国外 Overseas	国内高级 Senior	博士后 Postdoctors	博士 Candidates for doctor’s degree	硕士 Candidates for master’s degree
15	10	5	6	100	123
25	1	13	11	105	24
22	3	7	9	61	73
2		2	12	147	
19		4	25	122	30
55	3	3	7	70	63
65	25	3	14	208	134
31	9	30	12	62	13
26	5	21	6	94	116
4		4		106	66
52	9	23	13	156	88
8	1	7	19	95	141
15		13	7	86	77

国家重点实验室名称 Names of the state key laboratories	固定研究人员 Permanent researchers	高级 Senior
瞬态光学与光子技术国家重点实验室（中国科学院西安光学精密机械研究所） State Key Laboratory of Transient Optics and Technology (Xi' an Institute of Optics and Precision Mechanics, CAS)	59	54
微细加工光学技术国家重点实验室（中国科学院光电技术研究所） State Key Laboratory of Optical Technologies on Microfabrication (Institute of Optics and Electronics, CAS)	62	34
信息功能材料国家重点实验室（中国科学院上海微系统与信息技术研究所） State Key Laboratory of Functional Materials for Informatics (Shanghai Institute of Microsystem and Information Technology, CAS)	87	55
火灾科学国家重点实验室（中国科学技术大学） State Key Laboratory of Fire Science (University of Science and Technology of China)	52	44
固体润滑国家重点实验室（中国科学院兰州化学物理研究所） State Key Laboratory of Solid Lubrication (Lanzhou Institute of Chemical Physics, CAS)	81	67
高性能陶瓷和超微结构国家重点实验室（中国科学院上海硅酸盐研究所） State Key Laboratory of High Performance Ceramics and Superfine Microstructure (Shanghai Institute of Ceramics, CAS)	66	55
计算机科学国家重点实验室（中国科学院软件研究所） State Key Laboratory of Computer Science (Institute of Software, CAS)	87	70
机器人学国家重点实验室（中国科学院沈阳自动化研究所） State Key Laboratory of Robotics (Shenyang Institute of Automation, CAS)	69	61
岩土力学与工程国家重点实验室（中国科学院武汉岩土力学研究所） State Key Laboratory of Geomechanics and Geotechnical Engineering (Institute of Rock and Soil Mechanics, CAS)	66	60
复杂系统管理与控制国家重点实验室（中国科学院自动化研究所） State Key Laboratory of Management and Control for Complex Systems (Institute of Automation, CAS)	94	48
计算机体系结构国家重点实验室（中国科学院计算技术研究所） State Key Laboratory of Computer Architecture (Institute of Computing Technology, CAS)	108	40
发光学及应用国家重点实验室（中国科学院长春光学精密机械与物理研究所） State Key Laboratory of Luminescence and Applications (Changchun Institute of Optics, Fine Mechanics and Physics, CAS)	74	52

续表 6-17

客座研究人员 Guest researchers			人才培养 Talent training		
	国外 Overseas	国内高级 Senior	博士后 Postdoctors	博士 Candidates for doctor's degree	硕士 Candidates for master's degree
57		17	10	62	71
22	4	16		81	55
56	5	35	3	51	52
7	5	2	12	155	395
32		23	12	76	72
14	6	8	8	89	112
17	2	4	9	172	167
15	13		11	81	83
12	6	6	26	117	87
8	6	2	9	88	72
53	2		1	86	91
			5	65	62

6-18 国家重点实验室

Basic Statistics of Research Projects Conducted by

单位：个

学科 Field	合计 Total	国家科技重大专项 National Science and Technology Major Project	科技支撑计划 Key Technology R&D Program	"863"课题 "863"projects	"973"课题 "973"projects
总计 Total	**10872**	**254**	**159**	**289**	**1035**
数学、物理 Mathematics & physics	1770	24	6	41	227
化学 Chemistry	1621	15	25	41	150
地球科学 Geoscience	2847	72	72	32	197
生物、医学 Biology & Medicine	2398	96	29	50	313
技术科学 Technological sciences	2236	47	27	125	148

6-19 国家重点实验室科研

Statistics of Research Project Funds

单位：千元

学科 Field	合计 Total	国家科技重大专项 National Science and Technology Major Project	科技支撑计划 Key Technology R&D Program	"863"课题 "863"projects	"973"课题 "973"projects
总计 Total	**6087202**	**467060**	**113643**	**252646**	**761205**
数学、物理 Mathematics & physics	1301944	73864	1780	35164	186399
化学 Chemistry	1029282	15359	20663	18137	88846

课题情况（2013 年）

the State Key Laboratories: 2013

(unit)

国家基金重大项目 NSFC Major Program	国家基金重点项目 NSFC Key Program	国家基金创新研究群体 NSFC Innovation Research Group	国家杰出青年基金 National Outstanding Youth Fund	部委课题 Projects at the ministerial level	国际合作 International cooperative projects	其他 Others
127	**384**	**54**	**144**	**2162**	**348**	**5916**
26	86	14	19	225	30	1072
17	55	9	21	332	85	871
27	74	12	43	731	82	1505
35	101	9	38	444	95	1188
22	68	10	23	430	56	1280

课题经费投入情况（2013 年）

for the State Key Laboratories: 2013

(thousand yuan)

国家基金重大项目 NSFC Major Program	国家基金重点项目 NSFC Key Program	国家基金创新研究群体 NSFC Innovation Research Group	国家杰出青年基金 National Outstanding Youth Fund	部委课题 Projects at the ministerial level	国际合作 International cooperative projects	其他 Others
101539	**200706**	**91178**	**70240**	**783589**	**149855**	**3095541**
21518	33849	23030	16040	131137	22762	756401
11339	30839	20380	13200	105871	40224	664424

学科 Field	合计 Total	国家科技重大专项 National Science and Technology Major Project	科技支撑计划 Key Technology R&D Program	“863”课题 “863”projects	“973”课题 “973”projects
地球科学 Geoscience	1361558	152939	53172	51974	188280
生物、医学 Biology & Medicine	928677	96420	18587	25838	158041
技术科学 Technological sciences	1465741	128478	19441	121533	139639

6-20 国家重点实验室

Statistics of Research Results from

学科 Field	获奖研究成果（项） Award-winning S&T Research results (item)				
	国家级奖 National awards			院、 Academy and	
	特等 Special class	一等 1st class	二等 2nd class	特等 Special class	一等 1st class
总计 **Total**		**1**	**21**	**2**	**39**
数学、物理 Mathematics & physics		1	2	1	6
化学 Chemistry			3		9
地球科学 Geoscience			1		7
生物、医学 Biology & Medicine			5	1	8
技术科学 Technological sciences			10		9

续表 6-19

国家基金重大项目 NSFC Major Program	国家基金重点项目 NSFC Key Program	国家基金创新研究群体 NSFC Innovation Research Group	国家杰出青年基金 National Outstanding Youth Fund	部委课题 Projects at the ministerial level	国际合作 International cooperative projects	其他 Others
32630	45099	24652	16410	152431	23800	620171
22463	48986	11710	15200	160498	41825	329109
13589	41933	11406	9390	233652	21244	725436

科技成果情况（2013 年）

the State Key Laboratories: 2013

部委奖 ministerial awards	论文（篇） Thesis (No. of articles)		专著（种） Monographs (title)		授权专利 Patents granted （发明） (Invention) （项） (item)
二等 2nd class	国内发表 Published domestically	国际发表 Published internationally	中文 Chinese language	外文 Foreign language	
20	**3414**	**12649**	**100**	**71**	**1632**
4	234	2250	2	12	149
3	262	3065	9	25	379
4	1714	2396	48	8	191
1	366	1753	16	10	294
8	838	3185	25	16	619

6-21　工程中心总体情况

General Statistics of Engineering Research Centers

项目　Items	2009 年	2010 年	2011 年	2012 年	2013 年
一、经济情况 Economic status					
收入总额（万元） Total income (ten thousand yuan)	257897	299521	466658	604570	546491
技术性收入（万元） Technology income (ten thousand yuan)	21556	24326	49592	38545	98233
生产性收入（万元） Production income (ten thousand yuan)	151237	180722	267212	313625	136199
其他（万元） Others (ten thousand yuan)	85105	94473	149850	2622	312059
利税总额（万元） Total profit and tax (ten thousand yuan)	32691	43686	56473	57540	52941
资产总额（万元） Total assets (ten thousand yuan)	381210	462749	510773	705248	822688
固定资产（万元） Fixed assets (ten thousand yuan)	101340	138566	212447	305007	261694
二、基本建设 Capital construction					
计划总投资（万元） Total investment (ten thousand yuan)	115193	142292	215754	248571	228406
已完成总投资（万元） Completed invested (ten thousand yuan)	104583	138195	203670	63479	230219
国家拨款（万元） State allocation (ten thousand yuan)	41974	30550	56754	72476	52511
贷款（万元） Loan (ten thousand yuan)	9182	13532	17262	15812	16620
自筹（万元） Self-raised fund (ten thousand yuan)	62703	70115	117395	141703	143116

续表 6-21

项目 Items	2009 年	2010 年	2011 年	2012 年	2013 年
其他（万元） Others (ten thousand yuan)	12173	12883	24344	18579	16158
已完成的基建规模 Completed capital construction					
投资（万元） Investment (ten thousand yuan)	50497	67284	92443	107591	78544
面积（平方米） Floor space (m^2)	329607	372980	407180	394232	369420
三、科技成果 S&T research results					
获奖总数（项） Total awards (item)	74	41	68	107	158
国家级奖 National awards	13	6	8	10	18
省部级奖 Provincial & ministry awards	60	35	48	70	60
其他 Others	1		12	27	80
专利申请量（件） Patents applied (item)	590	1003	1542	1666	1933
专利授权（件） Patents granted (item)	273	355	660	885	1020
四、技术转移 Technology transfer					
技术服务、咨询（项） Technical service and consultation (item)	1731	1806	2165	2931	3057
技术培训（人次） Technical training (person・time)	10735	9580	15011	18438	18650
受让企业新增产值（万元） Enterprise's newly increased value of output (ten thousand yuan)	320850	578579	1240575	1413770	3974135

6-22 工程中心各类
Statistics of Various Kinds of Staff

工程中心名称 Names of engineering research center	合计 Total	专业技术人员 Professional technical staff		
			高级 Senior	中级 Middle level
总计 Total	**7206**	**7206**	**1862**	**1897**
工程塑料国家工程研究中心 National Engineering Center for Engineering Plastics	190	190	45	66
基础软件国家工程研究中心 National Engineering Research Center of Fundamental Software	193	193	12	4
信息安全共性技术国家工程研究中心 National Engineering Research Center for Information Security	68	68		4
光电子器件国家工程研究中心 National Engineering Research Center for Optoelectronic Devices	233	233	87	82
高性能均质合金国家工程研究中心 National Engineering Center for High Performance Homogenized Alloys	160	160	58	22
机器人技术国家工程研究中心 National Engineering Research Center for Robot	1481	1481	126	204
高档数控国家工程研究中心 National Engineering Center for Hi-End Computer Numerical Control	263	263	74	119
膜技术国家工程研究中心 Dalian Membrane Center of Engineering R&D	127	127	17	38
精细石油化工中间体国家工程研究中心 National Engineering for Fine Petrochemical Intermediates	160	160	96	60
手性药物国家工程研究中心 National Engineering Research Center for Chiral Drugs	151	151	20	72
燃料电池及氢源技术国家工程研究中心 National Engineering Research Center of Fuel Cells and Hydrogen Technology	121	121	23	23
国家生化工程技术研究中心 National Engineering Research Center for Biotechnology	62	62	29	9
国家遥感应用工程技术研究中心 National Engineering Research Center for Geoinformatics	79	79	39	34
国家并行计算机工程技术研究中心 National Research Center of Parallel Computer Engineering & Technology	216	216	52	88

人员情况（2013 年）

at Engineering Research Centers: 2013

学位 Degrees		学历 Education experience			按工作性质分 By working sectors					
博士 Ph.D	硕士 MS	研究生 Post graduate	大学 Graduate	其他 Others	管理人员 Adminis-trative staff	研究开发人员 R&D staff	质量监督人员 Quality supervision staff	市场营销人员 Market staff	生产人员 Produc-tion staff	其他 Others
1460	1935	3361	2832	1013	545	4501	162	339	1125	534
37	26	63	86	41	24	76	9	28	44	9
14	55	69	111	13	16	149		7		21
	7	9	56	3	9	17	3	18	4	17
103	37	140	47	46	8	180	4	2	39	
40	72	112	24	24	5	55	9	3	19	69
18	324	342	995	144	101	842	19	77	342	100
14	66	74	161	28	19	150	5	16	15	58
3	9	12	56	59	21	27	4	13	59	3
46	39	75	48	37	6	124			26	4
12	15	27	85	39	11	73	12	4	44	7
10	24	34	58	29	21	26		5	27	42
30	8	38	21	3	3	28	3	2	26	
47	25	72	7		6	71	2			
21	93	114	91	11	6	177	2	12	19	

工程中心名称 Names of engineering research center	合计 Total	专业技术人员 Professional technical staff		
			高级 Senior	中级 Middle level
国家高性能计算机工程技术研究中心 National Engineering Research Center for High Performance Computer	429	429	45	153
国家专用集成电路设计工程技术研究中心 National Engineering Research Center for ASIC Design	75	75	31	20
中国岩土工程研究中心 Chinese Research Center of Geotechnical Engineering	37	37	12	15
国家卫星定位系统工程技术研究中心 National Center of GNSS Engineering Technology	21	21	15	6
国家淡水渔业工程技术研究中心 National Engineering Research Center for Freshwater Fisheries	51	51	33	14
国家金属腐蚀控制工程技术研究中心 National Engineering Research Center for Corrosion Control	106	106	45	16
国家真空仪器装置工程技术研究中心 National Engineering Research Center of Vacuum Instruments	313	313	71	57
国家催化工程技术研究中心 National Engineering Research Center for Catalysis	446	446	155	79
国家节水灌溉工程技术研究中心 National Engineering Research Center for Water-Saving irrigation	23	23	10	4
国家天然药物工程技术研究中心 National Engineering and Technology Center for Natural Medicines	166	166	51	84
国家光电子晶体材料工程技术研究中心 National Engineering Research Center for Optoelectronic Crystalline Materials	99	99	45	37
国家网络新媒体工程技术研究中心 National Engineering Research Center for Network New Media Technology	80	80	35	32
国家荒漠-绿洲生态建设工程技术研究中心 National Engineering Technology Research Center for Desert-Oasis Ecological Construction	66	66	38	21
国家环境光学监测仪器工程技术研究中心 National Engineering Research Center of Environmnental Optic Monitoring Instruments	80	80	45	23
国家光栅制造与应用工程技术研究中心 National Engineering Research Center for Diffraction Gratings Manufacturing and Application	54	54	38	11
国家半导体泵浦激光工程技术研究中心 National Engineering Research Centre For DPSSL	209	209	44	61
国家海洋腐蚀防护工程技术研究中心 National Marine Corrosion and Protection Engineering Research Center	62	62	15	11

续表 6-22

学位 Degrees		学历 Education experience			按工作性质分 By working sectors					
博士 Ph.D	硕士 MS	研究生 Post graduate	大学 Graduate	其他 Others	管理人员 Adminis-trative staff	研究开发人员 R&D staff	质量监督人员 Quality supervision staff	市场营销人员 Market staff	生产人员 Produc-tion staff	其他 Others
27	191	218	211		33	191	13	47	145	
37	28	65	9	1	6	60	1	2	6	
4	20	13	20	4	3	21	2	5	4	2
12	4	16	3	2	2	16	1	1		1
33	2	35	14	2	5	37	2	2	5	
12	19	31	48	27	11	52	14	15	10	4
1	34	35	118	160	30	112	11	32	78	50
108	104	213	160	73	26	285	6	18	42	69
8	9	9	4	10	2	10				11
14	80	94	38	34	6	116	10		34	
52	33	85	8	6	3	91			5	
31	25	56	20	4	6	63	2	5	4	
24	4	38	20	8	4	62				
52	18	70	7	3	2	66		2	10	
26	12	38	11	5	3	28	2	5	16	
45	78	123	38	48	11	130	12	12	23	21
25	10	35	9	18	7	25	3			27

工程中心名称 Names of engineering research center	合计 Total	专业技术人员 Professional technical staff	高级 Senior	中级 Middle level
中国科学院计算机语言信息工程研究中心 CAS Engineering Research Center for Computer & Language Information	10	10		
中国科学院放射性药物联合研究开发中心 CAS Engineering Research Center for Radiopharmaceuticals	15	15	3	10
中国科学院有机合成工程研究中心 CAS Engineering Research Center of Organic Synthesis	107	107	35	29
中国科学院精密铜管工程技术研究中心 CAS Engineering Research Cengter for Precised Copper Pipes	33	33	5	19
中国科学院北方液晶工程研究开发中心 North Liquid Crystal Engineering R&D Center	17	17	8	3
中国科学院皮革化工材料工程研究中心 CAS Engineering Research Center for Leather Chemical Materials	9	9	5	2
中国科学院热安全工程研究中心 CAS Engineering Research Center for Thermal Safety	22	22	17	5
甲醇制烯烃国家工程实验室 National Engineering Laboratory for Methanol To Olefins	91	91	38	8
中药标准化技术国家工程实验室 National Engineering Laboratory for TCM Standardization Technology	54	54	19	31
工业酶国家工程实验室 National Engineering Laboratory for Industrial Enzymes	107	107	26	19
煤炭间接液化国家工程实验室 National Engineering Laboratory for Indirect Coal Liquefaction	150	150	31	56
湿法冶金清洁生产技术国家工程实验室 National Engineering Laboratory for Cleaner Production Technology of Hydrometallurgy	212	212	72	34
遥感卫星应用国家工程实验室 National Engineering Laboratory for Satellite Remote Sensing Applications	90	90	42	36
信息内容安全技术国家工程实验室 National Engineering Laboratory for Information content security	186	186	54	96
真空技术装备国家工程实验室 National Engineering Laboratory for Vacuum Technological Equipment	60	60	33	27
碳纤维制备技术国家工程实验室 National Engineering Laboratory for Carbon Fiber Preparation	96	96	32	25
土壤养分管理国家工程实验室 National Engineering Laboratory for Soil Nutrients Management	35	35	18	15
互联网域名管理技术国家工程实验室 National Engineering Lab for Naming and Addressing	91	91	18	13

续表 6-22

学位 Degrees		学历 Education experience			按工作性质分 By working sectors					
博士 Ph.D	硕士 MS	研究生 Post graduate	大学 Graduate	其他 Others	管理人员 Adminis-trative staff	研究开发人员 R&D staff	质量监督人员 Quality supervision staff	市场营销人员 Market staff	生产人员 Produc-tion staff	其他 Others
	1	1	7	2	5	4	1			
3	9	11	2	2	2	10	1		1	1
39	19	58	44	5	14	93				
4	6	10	19	4	3	29	1			
3	3	6	3	8	3				14	
4		4	4	1		8				1
13	6	19	2	1		22				
30	48	78	10	3	9	82				
21	27	46	6	2	4	50				
54	43	97	5	5	8	99				
40	40	80	24	46	10	90			50	
93	63	157	24	31	20	180	1			11
48	38	76	14		6	75	2	3	4	
113	62	175	9	2	7	173				6
13	16	29	26	5	6	43	3	2	6	
21	29	50	33	13	3	86	2	1	4	
32	1	33	1	1	2	33				
23	53	76	15		27	64				

主要统计指标解释

人　员

1. 从事科技活动人员

指职工总数中的科技管理人员、课题活动人员和科技服务人员。

科技管理人员　指院、所领导及业务、人事管理人员，包括直接从事科技计划管理、课题管理、成果管理、专利管理、科技统计、科技档案管理、科技外事工作、人事管理、教育培训、财务等活动的人员。

课题活动人员　指编制在研究室或课题组的人员。

科技服务人员　指从事图书、情报、测试、试验、咨询、物资器材供应等工作的人员以及实验室、试验工厂（车间）、试验农场的人员。不包括司机、门卫、食堂人员、医务人员、清洁工以及幼儿园、托儿所工作人员等。

2. 科学家和工程师

指具有大学毕业及以上学历的或具有高、中级技术职称（务）的人员。

3. 其他科技人员

指具有大、中专毕业学历或具有初级技术职称（务）的人员。

4. 从事生产、经营活动人员

指主要从事定型产品的批量生产、单位内部招待所、商店、出版印刷等生产经营和对外服务活动的人员。在机构下属经济实体中的院所编制人员也应包括在内。

经　费

1. 经费

包括暂收（暂付）款，经费收入中各项皆为毛收入。

2. 科技活动收入

政府资金　指由各级政府部门直接拨款或企事业单位利用政府资金委托本机构从事科学技术活动所获得的收入。

★财政补助收入　指由中央或地方财政通过预算的形式拨给本机构的经费，包括正常经费和专项经费。单位收到由财政部门拨给主管部门和上级单位转拨的科学事业费，以及由财政部门拨给上级主管部门和上级单位以科研课题或项目下达的科学事业费，均属财政预算拨款。

★承担政府科研项目收入　指本机构为了开展科学研究、新产品试制、中间试验、科技成果示范性推广等科技活动，通过签订协议、合同或其他形式申请并获得的政府经费，包括课题专项、设备专项和其他专项。

技术性收入　指本机构从事科学技术活动所获得的非政府资金(毛收入)，如: 企事业单位和社会团体利用自有资金委托本机构开展科学技术活动所提供的资金，由技术开发收入、技术转让收入、技术咨询及服务收入、学术活动和生产科普活动收入几项合计。

★来自企业 指本机构通过接受企业委托、为企业提供技术开发、技术咨询服务等形式从事科学技术活动而从企业获得的收入。

★技术开发收入 指本机构承接社会各方面委托的有关新技术、新产品、新工艺和新材料及其系统的研究开发任务而获得的收入。

★技术转让收入 指本机构通过专利权转让、专利申请权转让、专利实施许可、非专利技术的转让所获得的收入。

★技术咨询、服务、培训、承包收入 不包括建设工程的勘探、设计、施工、安装和加工承揽。

★国外资金 指中国境外的企业、大学、国际组织、民间组织、金融机构及外国政府提供给在中国境内注册的各类单位用于科技活动的经费。不包括外国在中国注册的企业提供的经费。

★科技活动借贷款 指本机构为开展科技活动从各种渠道获得的各种借、贷款。不论偿还形式、期限和数额如何，均按当年获得的借、贷款额填报。不包括基本建设贷款。

★其他资金 指除上述各项以外可以用于科技活动的收入，包括国内外社会和个人赞助、捐赠、投资收益等。

3. 科技经费内部支出

指本单位在报告期内用于内部开展科技活动实际支出的费用，包括来自科研渠道以及其他各种渠道的经费实际用于科技活动支出的费用，也包括外协加工费。

★人员费用 指以货币或实物形式直接或间接支付给科技活动人员的劳动报酬及各种费用，包括各种形式的工资、补助工资、津贴、价格补贴、奖金、福利、失业保险、养老保险、医疗保险、工伤保险、人民助学金等，也包括支付给研究生的助学金、奖学金等开支。为科技活动提供间接服务人员的劳务费不计入此项。

★设备购置费 指本单位使用非基本建设投资购建费购买用于科技活动的固定资产的实际支出额。固定资产指长期使用而不改变原有的实物形态，单位价值在规定标准以上的主要物资设备，如科研仪器设备、图书资料、实验材料和标本以及其他科研设备。

★其他日常支出 指本单位用于科技活动除上述以外的支出。例如，用于科技活动的原材料费、水电能源费、差旅费、加工试验费、设备使用费、计算机机时费、资料印刷费等。培训研究生的消耗性支出也一并统计。

基 本 建 设

1. 基本建设投资实际完成额

指本机构在报告期内完成的用货币表示的基本建设工作量。

2. 自筹

指在当年基本建设投资实际完成额中自筹投资的部分，自筹部分应包括拨改贷后须由机构自身偿还的贷款。

3. 科研仪器设备

指本机构在基本建设投资的实际完成额中购置的科研仪器设备总值。非科研设备购置不计入此项。

4. 科研土建工程

指本机构在基本建设投资的实际完成额中完成的科研土建工作量（如科研楼、试验用房等）。非科研土建工程（如住房等）不计入此项。

科 技 活 动

1. 课题活动分类

基础研究　指为获得新知识而进行的独创性研究。其目的是揭示观察到的现象和事实的基本原理和规律，而不以任何特定的实际应用为目的。

应用研究　指为获得新的科学技术知识而进行的独创性研究。它主要针对某一特定的实际应用目的。应用研究通常是为了确定基础研究成果或知识的可能的用途，或是为达到某一具体的、预定的实际目的确定新的方法（原理）或途径。

★区分基础研究与应用研究的主要标志　具有特定的实际应用目的。

试验发展　利用从研究或实际经验获得的知识，为生产新的材料、产品和装置，建立新的工艺和系统，以及对已生产或建立的上述各项进行实质性的改进，而进行的系统性工作。

★区分科学研究（基础研究和应用研究）与试验发展的主要标志　前者主要是为了增加科学技术知识，后者则是为了开辟新的应用领域（如新材料或新技术）。

★区分科学研究与试验发展及其他有关活动的主要标志　具有创新成分的活动归于前者。

研究与试验发展成果应用　为解决 R&D 活动阶段产生的新产品、新装置、新工艺、新技术、新方法、新系统和服务等投入生产或实际应用所存在的技术问题而进行的系统性活动。它不具有创新成分，此类活动包括为达到生产目的而进行的定型设计和试制以及为扩大新产品生产规模和新方法、新技术、新工艺等的应用领域而进行的适应性试验。

★研究与试验发展、研究与试验发展成果应用和工业生产活动三者之间的界限大致划分如下：

（1）新产品的研制

实质性的新产品，即完全新的新产品或对现有产品的性能进行重大改进的设计、制造和试验，是研究与试验发展活动。对引进（或购买）现成的技术成果（如专利、技术诀窍、图纸和样机等）进行复制或直接应用而形成新产品的过程，不是研究与试验发展活动，而是研究与试验发展成果应用活动。

（2）新工艺、新方法的研制

对新工艺、新方法的研制或对现有工艺、生产过程进行实质性的技术改进，是研究与试验发展。采用国内已有的生产工艺或生产过程，而在技术上没有实质性的改进，只是对采用的生产工艺或生产过程做适应性的试验，不属于研究与试验发展，而是研究与试验发展成果应用活动。

（3）中间试验

新产品、新工艺、新生产过程直接用于生产前，往往要进行中间试验，以解决一系列的技术问题，情况比较复杂，对其是否属于研究与试验发展应视具体情况而定。

如果进行中间试验的直接目的是为了从技术上进一步改进产品、工艺或生产过程或为此目的进行试验以获得经验和收集数据，是研究与试验发展；如果为了进行产品的定型设计，获取生产所需的技术参数，那么就不是研究与试验发展，而是研究与试验发展成果应用活动。

（4）试生产

试生产是在完成了生产前的各项技术准备后，在正式生产前的“试验性”生产。试生产的直接目的不是对产品或生产过程在技术方面做进一步的改进，而是为了使生产能顺利进行，因而既不属于研究与试验发展，也不属于研究与试验发展成果应用活动。

（5）质量控制与检验测试

生产过程的质量控制及材料、设备、产品的常规检验、测试，不属于研究与试验发展，也不属于研究与试验发展成果应用活动，原型检验测试和非商业性的试验工厂（中试车间）中的检验测试，属于研究与试验发展。

（6）市场研究

既不是研究与试验发展，也不是研究与发展成果应用活动。

科技服务　与科学研究与试验发展有关，并有助于科学技术知识的产生、传播和应用的活动。包括，为扩大科技成果的使用范围而进行的示范性推广工作；为用户提供科技情报和文献服务的系统性工作；为用户提供可行性报告、技术方案、建议及进行技术论证等技术咨询工作；自然、生物现象的日常观测、监测，资源的考察和勘探；有关社会、人文、经济现象的通用资料的收集，如统计、市场调查等，以及这些资料的常规分析与整理；为社会和公众提供的测试、标准化、计量、计算、质量控制和专利服务，不包括工商企业为进行正常生产而开展的上述活动。

生产性活动　由于具备特殊的工艺设备条件或掌握某种技术专长或诀窍所进行的小量非常规生产。

2. 课题经费支出

指当年为进行该课题研究而从课题经费中直接支出的全部经费(不包括与外单位合作进行该课题研究而拨给对方使用的经费）。

3. 课题参加人员折合全时工作量

指按工作量计算的当年实际参加课题活动的各类人员总数。统计时首先把课题人员分离为全时人员和非全时人员，然后折算为全时工作量。

全时人员　指在本年度工作中，从事该课题活动的工作量（累计工作时间与本人全年工作总时间之比）在 0.9 以上（含 0.9）的人员数。

非全时人员　指在本年度工作中，从事该课题活动的工作量在 0.1～0.9 的人员数。工作量不到 0.1 不计在内。

全时当量　指全时人员数加所有非全时人员的工作量总和，数值取小数点后一位。

国家重点实验室

1. 固定人员

指由实验室主任聘任并有一定任期的相对稳定的研究人员、技术人员和管理人员。国家重点实验室的固定人员可以由室主任连聘连任。

2. 客座人员

指通过课题申请并获准来开放实验室从事研究工作的所内外工作人员。开放实验室的客座人员没有固定任期，在课题获准进行期内属于开放实验室的人员，享受固定人员同等待遇，课题结束之后，必须离室，因此客座人员是流动的。

3. 学委会审批课题

经学术委员会审议批准，用开放经费支持的课题。固定客座合作课题指由开放实验室固定、客座人员合作共同承担的学委会审批课题。

Explanatory Notes on Key Indicators

Personnel

1. S&T activity personnel

S&T activity personnel comprise S&T management personnel, project activity personnel and S&T service personnel.

S&T management personnel refers to leaders at various levels in the academy and institutes and those who are engaged in S&T and personnel management, including those who participate directly in such activities as S&T planning, project management, research achievement management, patent management, S&T statistics, management of S&T archives, S&T international cooperation, personnel management, education and training, and finance.

Project activity personnel refers to staff whose payroll is in the laboratory or project research group.

S&T service personnel refers to those engaged in library, information, measurement, testing, consultation, material and equipment supply as well as those working in laboratories, pilot factories (workshops) and experimental farms. They should not include drivers, janitors, and persons working in mess halls, medical houses, kindergartens and nurseries.

2. Scientists and engineers

This heading can be defined as persons who are of higher educational level or have senior or middle level academic titles.

3. Other S&T personnel

This heading refers to persons who are of specialized higher school or specialized secondary school educational level or have junior or specialized secondary school educational level or have junior academic (or technical) titles.

4. Production and business activity personnel

This mainly refers to staffs who are engaged in the production, business activity and services such as batch process of finalized products, management and services in the guesthouses and shops, and publication and printing. Staff on the CAS and institute payroll who work in the economic entities attached to the institution shall also be included.

Funds

1. Funds

Funds include temporary collection and temporary payment. Items included in the current intramural income are all gross income.

2. Income of S&T activities

Income from government funds This heading refers to funds directly allocated by government departments at all levels or income obtained by a particular institution through conducting S&T activities entrusted by enterprises and institutions using government funds.

★*Income from government subsidy* This refers to budgetary funds allocated by the central or local financial departments, including normal funds and special funds. The operation funds for scientific research obtained from the financial departments via higher authorities and the operating funds for scientific research obtained from the financial departments via higher authorities designated for research projects are all in the category of financial budgetary allocation.

★*Income from undertaking government research projects* This refers to funds received by a particular institution from the government for the purpose of carrying out S&T activities through signing agreements, contracts or other forms of application, such as scientific research, new product development and experiment, pilot experiment, and demonstration and commercialization of S&T results. This includes special funds for research projects, equipment and other items.

Technical income This refers to the gross income obtained by a particular institution from non-governmental departments for undertaking S&T activities, such as self-raised funds from institutions, enterprises and social organizations for entrusting the particular institution to carry out S&T activities. It also includes income from technology development, technology transfer, technology consultation and service, academic activities and production, and science popularization activities.

★*From enterprises* This refers to the income obtained by a particular institution from the enterprises by undertaking entrusted S&T activities for the enterprises in the form of technology development, technology consultation and service.

★*Income from technology development* This refers to income received by a particular institution from commissioned R&D on new technologies, products, processes, materials and systems.

★*Income from technology transfer* This refers to income received by a particular institution from transfer of its patents, patent application rights, patent licenses and non-patented technologies.

★*Income from technological consultation, services, training and contracts* This heading excludes the income from exploitation of construction engineering, design, construction, installation and contracts for processing.

★*Overseas Funds* This heading refers to the funds provided by overseas enterprises, universities, international organizations, non-government organizations, financial agencies and foreign governments to the institutions and units registered in China for S&T activities. This excludes the funds provided by the foreign enterprises registered in China.

★*Loans for S&T activities* This heading refers to all kinds of loans obtained by a particular institution from various sources for S&T activities. No mater what kind of form, duration and volume of the repayment will be, the total monetary volume of loans obtained in the reference year should be recorded. But, any loans for capital construction is not included.

★*Other Income* This heading refers to the income, both from home and abroad, such as donations from the society and individuals as well as some investment income for S&T activities, etc., which does not fall into the above-mentioned categories.

3. Current Intramural Expenditure

This refers to actual expenditure for S&T activities by a particular institution within the reported period, including all the expenses for S&T activities funded by not only research and development (R&D) channels but also other sources. This also includes the expenditure for the products processing with outside cooperation.

★*Personnel cost* This refers to the expenditure paid by a particular institution to its staff, directly or indirectly, in cash or in kind, including basic salary, subsidiary salary, allowances, price subsidiary, bonus, welfare funds for staff, unemployment insurance, old-aged pension, medical care insurance, insurance against injury at work, people’ s fellowship, etc., including stipend and fellowship for graduate students. This excludes the remuneration for personal services.

★*Equipment purchasing expenditure* This refers to the exact expenditure of non-capital construction investment spent by a particular institution on purchasing fixed assets for S&T activities. Fixed assets cover major equipment and installations with unit price above the set quota, which can be used over a long period of time without changing their original material forms (or appearances), such as scientific research equipment and installations, books, library materials, laboratory materials and specimens as well as other facilities for research activities.

★*Other daily expenditure* This refers to the expenditure spent by a particular institution for S&T activities, which is not included in the above-mentioned items, such as costs of raw materials for the performance of S&T activities, charges for water and electricity, travel, expenses directly associated with processing and experiments, costs of equipment utilization, computer times, printing of materials, etc., and consumptive expenditure for graduate student training is also included.

Capital Construction

1. Actual expenditure in capital investment

This refers to the amount of capital construction work completed by a particular institution in the reference year, which is expressed in monetary terms.

2. Self-raised funds

This refers to funds raised by a particular institution in the actual spending in capital investment. It includes loans, which should be paid back by the institution itself after the reform of the S&T

appropriation system.

3. Scientific research instruments and equipment

This refers to the total expenditure on scientific research equipment in the actual capital expenditure. Expenditure on nonresearch equipment is not included in this category.

4. Civil engineering projects for scientific research

This refers to the actual amount of work completed by a particular institution on research facilities (such as research and experiment buildings) in the actual expenditure of capital investment. Construction project not for research purpose (such as living quarters) is not included.

S&T Activities

1. Classification by project activity

Basic research Basic research can be defined as any original research undertaken to acquire new knowledge. Its purpose is to explore the underlying principles and laws of observed phenomena and facts, without any particular practical application in view.

Applied research Applied research is defined as any original research undertaken in order to acquire new scientific and technological knowledge. It is, however, directed primarily towards a specific practical aim or objective. Applied research is usually undertaken to determine the possible application of the results or knowledge from basic research, or to determine new methods or ways of achieving some specific and predetermined practical aim.

★The main criterion for distinguishing basic research from applied research is that the latter has specific practical application in view.

Experimental development Experimental development can be defined as any systematic work, drawing on existing knowledge gained from research and/or practical experience, that is directed to producing new materials, products and devices, to installing new processes and systems, and to improving substantially those already produced or installed.

★The main criterion for distinguishing scientific research (basic or applied) from experimental development is that whereas the former is primarily directed towards the increase of S&T knowledge, the latter is directed towards the introduction of new application (e.g. new materials or technologies).

★The main criterion for distinguishing scientific research from experimental development is that the former involves creative activities.

Application of research and experimental development results Application of research and experimental development results can be defined as any systematic work that is directed to the technical issues in the production and practical use of new products, new devices, new processes, new techniques, new methods, new systems and services which are generated from research and development results. This kind of activity does not involve creation and innovation. It includes finalized design and pilot development for production purposes as well as adaptability testing directed to expanding the production scale of new products and the application of new methods, technologies and processes.

★The main criterion for distinguishing research and experimental development, application of research and experimental development results, and industrial activities is basically the following:

(1) Development of new products

Activities directed towards the development of new products, that is, completely new products, substantial improvement of the design, development and experiment on the properties of existing products, should be defined as research and experimental development, while the process of producing new products through copy or direct use of imported (or purchased) technical results (such as patents, technical know-how, blueprints and prototypes) should not be mentioned as research and experimental development. It falls into the category of application of research and experimental development results.

(2) Development of new processes and methods

The development of new processes or methods and the substantial technical improvement of existing technologies and production processes are research and experimental development. Activities involved in adopting existing domestic production techniques or processes without making substantial improvements (or when only adaptability testing is conducted) cannot be considered as research and experimental development. They are the application of research and experimental development results.

(3) Pilot experiment

Before new products, technologies and production processes can be used in production, pilot experiments are usually carried out in order to solve a series of technical issues. These experiments are complex in nature and whether they are considered as research and experimental development or not can only be judged according to concrete conditions.

If the immediate aim of the pilot experiment is to make further technical improvement of existing technologies and production processes are research acquisition of experience and data for that purpose, the activity should be regarded as research and experimental development. If, on the contrary, the immediate aim is to make finalized design for a product and to obtain technical data needed for the production, the activity should be regarded as research and experimental development. It is a part of the application of research and experimental development results.

(4) Trial production

Trial production can be defined as "experimental" production conducted after various technical preparations are completed but before full scale production is started. Since the immediate aim of trial production is not to make further technical improvement of the product or the production process concerned but to get the production process working smoothly, it is neither research and experimental development, nor application of research and experimental development results.

(5) Quality control, checking and testing

Quality control of production processes and routine checking and testing of materials, devices and products are neither research and experimental development nor application of research and experimental development results. However, the testing of prototypes and testing conducted in a non-commercial pilot plant (workshop) should be regarded as research and experimental development.

(6) Market study

This is neither research and experimental development, nor application of research and experimental development results.

Scientific and technical services Scientific and technical services can be defined as any activities concerned with scientific research and experimental development and contributing to the generation, dissemination and application of scientific and technological knowledge. They include the demonstration and popularization activities to introduce the application of scientific and technological results; systematic work on scientific and technological information and documentation services; technical consultation provided to users such as feasibility studies, technical schemes, proposals and technical investigations; routine observation and monitoring of natural and biological phenomena, surveying and exploration of resources; and the gathering of general information on social, human and economic phenomena (such as statistics and market studies); as well as the routine analysis and compilation of the above mentioned information; testing, standardization, metrology, computation, quality control and patent services (excluding the above mentioned activities carried out by industries for normal production).

Productive activities This heading refers to small-scale non-conventional production undertaken because of possessing special processing equipment and facilities or technical specialties and know-how.

2. Total direct expenditure by project group

This refers to the total funds actually spent directly by the project group for the research of the project. It does not include funds transferred to the cooperators if the project is conducted jointly.

3. Full-time equivalent of project activity personnel

This refers to the total number of various kinds of personnel who actually participate in the project activities in the reference year, calculated according to their work load. In making the statistics, the project activity personnel are first classified as full-time personnel and part-time personnel and their work load are then converted into full-time work load.

Full-time personnel This refers to the number of personnel whose work load for the project activity (the ratio between accumulated working hours spent on the project activity and the total hours worked in the reference year) is 0.9 or above.

Part-time personnel This refers to the number of personnel whose work load for the project activity is from 0.1 to 0.9. Those whose work load for the project activity is less than 0.1 are not included.

Full-time equivalent This refers to the total work load of full-time personnel and part-time personnel.

State Key Laboratories

1. Permanent researchers

This refers to research, technical and managerial personnel who are invited or engaged by the directors of the open laboratories to serve for certain terms.

2. Guest researchers

This refers to scientists both inside and outside the institutes who conduct research activities at the State Key laboratories after their research applications have been approved. Guest researchers do not serve for fixed terms. They are on the staff of the State Key laboratories within the allowed period for pursuing their research subjects and enjoy the same treatment as the permanent staff does, but must leave the laboratories upon completion of their research.

3. Projects approved by the academic committees

This refers to research projects, which are approved by the academic committees and funded by the open laboratory research funds. Jointly conducted projects refer to those research projects which are approved by the academic committees and are jointly conducted by the permanent staff and guest researchers of the State Key Laboratories.

七、人才培养与引进

TALENT TRAINING AND RECRUITMENT

7-1 派往国外及香港地区留学人员情况

Statistics of Students and Visiting Scholars Sent Abroad and to Hong Kong Special Administrative Region

单位：人 (person)

年份 Year	派出总人数 Total number of persons sent abroad	访问学者 Visiting scholars	研究生 Graduate students	回国人数 Number of people returned
1979	588	489	99	408
1980	651	520	131	517
1981	725	566	159	536
1982	520	395	125	186
1983	559	389	170	36
1984	435	325	110	549
1985	779	555	224	302
1986	919	504	415	317
1987	710	420	290	295
1988	591	373	218	214
1989	410	355	55	199
1990	360	325	35	70
1991	326	313	13	113
1992	389	366	23	226
1993	373	346	27	230
1994	409	378	31	347
1995	415	369	46	322
1996	357	308	49	293
1997	361	331	30	308
1998	432	383	49	543
1999	378	340	38	464
2000	528	447	81	492
2001	401	307	94	360
2002	412	315	97	330
2003	427	351	76	329
2004	313	252	61	298
2005	314	275	39	251
2006	276	272	4	227
2007	311	263	48	242
2008	571	518	53	526
2009	564	517	47	190
2010	516	311	205	178
2011	474	227	247	184
2012	338	263	75	202
2013	328	272	56	213

7-2 派往国外及香港地区留学人员情况（2013 年）

Statistics of Students and Visiting Scholars Sent Abroad and to Hong Kong Special Administrative Region: 2013

单位：人 (person)

派往国家和地区 Country and region	当年派出人数 Number of people sent abroad in current year			年龄组 Age group			研究课题性质 Field of study		
	总计 Total	访问学者 Visiting scholars	研究生 Graduate students	30 岁以下 Under 30	30～40 岁 30～40	40 岁以上 Over 40	基础 Basic	应用 Applied	其他 Others
合计 Total	**328**	**272**	**56**	**72**	**209**	**47**	**263**	**46**	**19**
美国 USA	153	153		9	114	30	118	26	9
加拿大 Canada	15	15			11	4	13	2	
英国 England	35	35		4	28	3	19	10	6
法国 France	5	5			5		3	2	
德国 Germany	80	24	56	59	17	4	76	4	
日本 Japan	4	4			3	1	4		
澳大利亚 Australia	21	21			18	3	15	2	4
荷兰 Netherlands	4	4			3	1	4		
瑞典 Sweden	1	1			1		1		
其他 Others	10	10			9	1	10		

7-3 职工继续教育和

Statistics of Staff Continued Education

单位：人

单位 Unit	总计 Total	通用知识培训 General knowledge training	岗位培训 Job training	学术讲座 Academic lectures
合计 Total	**589832**	**63202**	**36215**	**180458**
一、地区培训 By region				
北京地区 Beijing region	232768	21820	11944	72005
沈阳地区 Shenyang region	43639	2901	1544	21049
长春地区 Changchun region	27562	5023	6363	5008
上海地区 Shanghai region	91469	5221	6367	32567
南京地区 Nanjing region	25596	2372	898	8463
合肥地区 Hefei region	10024	1508	1437	1628
武汉地区 Wuhan region	30858	2990	1850	11061
广州地区 Guangzhou region	27037	7796	1062	8013
成都地区 Chengdu region	15082	4116	1183	2538
昆明地区 Kunming region	14105	1310	699	5089
西安地区 Xi’an region	13994	897	547	1607
兰州地区 Lanzhou region	23863	4327	953	8332
新疆地区 Xinjiang region	10177	1248	1126	948
二、院校培训 By College				
中国科学院大学 University of CAS	15228	1523	62	150
中国科学技术大学 University of Science and Technology of China	8430	150	180	2000

社会培训情况（2013 年）

and Personnel Trained for the Society: 2013

(person)

学术进修 Academic studies	学术研讨 Academic seminars	技术技能培训 Technical skills training	管理能力培训 Management capacity training	在职攻读学位 Study for degrees at job	为社会培训 Trained for the society	其他培训 Other training
10290	102535	51910	32771	1203	89342	21906
7091	48177	20340	10952	326	33242	6871
226	10149	2690	2992	51	1180	857
133	4658	2892	1775	40	1078	592
1250	10806	9292	4075	153	19364	2374
39	2690	1870	927	20	7711	606
31	1271	2593	1304	37	215	171
158	6960	4838	1278	13	1539	171
348	3954	2282	1094	68	1093	1327
130	3585	1072	1247	25	334	852
170	3652	975	806	86	353	965
27	500	919	3936	89	128	5344
204	3218	1465	1005	179	3740	440
8	803	288	825	34	3690	1207
205	112	244	255	2	12675	
270	2000	150	300	80	3000	300

7-4 博士后情况（2013 年）

Statistics of Postdoctors: 2013

单位：人 (person)

单位 Institutions	在站博士后人数 Number of postdoctoral fellows	其中：外籍博士后在站人数 Of which: Number of postdoctors with foreign citizenship	当年进站博士后人数 Number of postdoctors enrolled in 2013	其中:外籍博士后进站人数 Of which: Number of postdoctors with foreign citizenship	当年出站博士后人数 Number of postdoctors completed research successfully in 2013
总计 Total	**4330**	**144**	**1520**	**57**	**991**
北京市 Beijing	1962	46	666	16	480
数学与系统科学研究院 Academy of Mathematics and Systems Science	92	1	33		23
物理研究所 Inst. of Physics	46		22		13
声学研究所 Inst. of Acoustics	28		13		10
理论物理研究所 Inst. of Theoretical Physics	15	2	9	2	4
高能物理研究所 Inst. of High Energy Physics	58	8	24	3	14
国家天文台 National Astronomical Observatories of China	39	1	17		13
力学研究所 Inst. of Mechanics	15		4		9
化学研究所 Inst. of Chemistry	65	2	21	2	27
理化技术研究所 Technical Inst. of Physics and Chemistry	23	1	11		11
生态环境研究中心 Research Center for Eco-Environmental Sciences	135	3	48		34
过程工程研究所 Inst. of Process Engineering	49	2	28	2	14
地理科学与资源研究所 Inst. of Geographic Sciences and Natural Resources Research	231	8	71	1	22
遥感与数字地球研究所 Inst. of Remote Sensing and Digital Earth	30		8		15
地质与地球物理研究所 Inst. of Geology and Geophysics	147	2	51	1	47

续表 7-4

单位 Institutions	在站博士后人数 Number of postdoctoral fellows	其中：外籍博士后在站人数 Of which: Number of postdoctors with foreign citizenship	当年进站博士后人数 Number of postdoctors enrolled in 2013	其中:外籍博士后进站人数 Of which: Number of postdoctors with foreign citizenship	当年出站博士后人数 Number of postdoctors completed research successfully in 2013
古脊椎动物与古人类研究所 Inst. of Vertebrate Paleontology and Paleoanthropology	8	1	2		4
大气物理研究所 Inst. of Atmospheric Physics	21	3	4		10
植物研究所 Inst. of Botany	55	1	17	1	13
动物研究所 Inst. of Zoology	115	3	33	2	22
心理研究所 Inst. of Psychology	24		9		3
微生物研究所 Inst. of Microbiology	64		14		20
生物物理研究所 Inst. of Biophysics	51	2	19		16
遗传与发育生物学研究所 Inst.of Genetics and Developmental Biology	110	1	39		41
北京基因组研究所 Beijing Inst.of Genomics	19	1			
计算技术研究所 Inst. of Computing Technology	67	2	12		19
软件研究所 Inst. of Software	17		4		5
半导体研究所 Inst. of Semiconductors	34		17		8
电工研究所 Inst. of Electrical Engineering	18		11		6
自动化研究所 Inst. of Automation	46		18		12
对地观测与数字地球科学中心 Center for Earth Observation and Digital Earth	3				
电子学研究所 Inst. of Electronics	14		4		1
工程热物理研究所 Inst. of Engineering Thermophysics	11		5		6
空间科学与应用研究中心 Center for Space Science and Applied Research	16		6		6

续表 7-4

单位 Institutions	在站博士后人数 Number of postdoctoral fellows	其中：外籍博士后在站人数 Of which: Number of postdoctors with foreign citizenship	当年进站博士后人数 Number of postdoctors enrolled in 2013	其中:外籍博士后进站人数 Of which: Number of postdoctors with foreign citizenship	当年出站博士后人数 Number of postdoctors completed research successfully in 2013
光电研究院 Academy of Opto-Electronics	5		5		
自然科学史研究所 Inst. of History of Natural Sciences	7		4		2
微电子研究所 Inst. of Microelectronics	19		6		4
科技政策与管理科学研究所 Inst. of Policy and Management	43		17		10
青藏高原研究所 Inst. of Qinghai-Tibet Plateau	32	1	18	1	10
国家纳米科学中心 National Center for Nano Science and Technology of China	43	1	25	1	6
信息工程研究所 Inst. of Information Engineering	17		14		
中国科学院大学 University of CAS	127				
文献情报中心 Documentation and Information Center	3		3		
山西省 Shanxi Province	6		4		4
山西煤炭化学研究所 Shanxi Inst. of Coal Chemistry	6		4		4
辽宁省、山东省 Liaoning and Shandong Provinces	294	8	114	5	58
大连化学物理研究所 Dalian Inst. of Chemical Physics	106	6	37	3	22
沈阳应用生态研究所 Shenyang Inst. of Applied Ecology	19		6		1
金属研究所 Inst. of Metal Research	45		14		13
沈阳自动化研究所 Shenyang Inst. of Automation	31		3		6
海洋研究所 Inst. of Oceanology	75	1	36	1	16
青岛生物能源与过程研究所 Qingdao Inst. of Bioenergy and Bioprocess Technology	18	1	18	1	

续表 7-4

单位 Institutions	在站博士后人数 Number of postdoctoral fellows	其中：外籍博士后在站人数 Of which: Number of postdoctors with foreign citizenship	当年进站博士后人数 Number of postdoctors enrolled in 2013	其中:外籍博士后进站人数 Of which: Number of postdoctors with foreign citizenship	当年出站博士后人数 Number of postdoctors completed research successfully in 2013
吉林省 Jilin Province	185	4	45	2	45
长春应用化学研究所 Changchun Inst. of Applied Chemistry	135	4	35	1	31
长春光学精密机械与物理研究所 Changchun Inst. of Optics，Fine Mechanics and Physics	25		2		6
东北地理与农业生态研究所 Northeast Inst. of Geography and Agroecology	25		8	1	8
上海市、福建省、浙江省 Shanghai、Fujian Province and Zhejiang Province	526	29	239	18	128
上海应用物理研究所 Shanghai Inst. of Applied Physics	26		15		7
上海天文台 Shanghai Observatory	25	9	10	5	9
上海硅酸盐研究所 Shanghai Inst. of Ceramics	25	2	14	1	8
上海有机化学研究所 Shanghai Inst. of Organic Chemistry	31		15		5
上海药物研究所 Shanghai Inst. of Materia Medica	40		17		15
上海生命科学研究院 Shanghai Inst. for Biological Sciences	215	14	92	9	46
上海微系统与信息技术研究所 Shanghai Inst. of Microsystem and Information Technology	19		5		9
上海光学精密机械研究所 Shanghai Inst. of Optics and Fine Mechanics	17		3		
上海技术物理研究所 Shanghai Inst. of Technical Physics	20		6		2
福建物质结构研究所 Fujian Inst. of Research on the Structure of Matter	20	1	7		3
宁波材料技术与工程研究所 Ningbo Inst. of Material Technology and Engineering	82	3	50	3	24
城市环境研究所 Inst. of Urban Environment	6		5		

续表 7-4

单位 Institutions	在站博士后人数 Number of postdoctoral fellows	其中：外籍博士后在站人数 Of which: Number of postdoctors with foreign citizenship	当年进站博士后人数 Number of postdoctors enrolled in 2013	其中:外籍博士后进站人数 Of which: Number of postdoctors with foreign citizenship	当年出站博士后人数 Number of postdoctors completed research successfully in 2013
江苏省 Jiangsu Province	159	2	60	1	22
紫金山天文台 Purple Mountain Observatory	8		6		8
南京地理与湖泊研究所 Nanjing Inst. of Geography and Limnology	22		5		8
南京地质古生物研究所 Nanjing Inst. of Geology and Palaeontology	11	1	4	1	5
南京土壤研究所 Nanjing Inst. of Soil Science	33	1	11		1
国家天文台南京天文光学技术研究所 Nanjing Inst. of Astronomical Optics & Technology National Astronomical Observatories	4		3		
苏州纳米技术与纳米仿生研究所 Suzhou Inst. of Nano-Tech and Nano-Bionics	81		31		
安徽省 Anhui Province	506	12	169	2	132
合肥物质科学研究院 Hefei Institutes of Physical Sciences	83	1	33	1	15
中国科学技术大学 University of Science and Technology of China	423	11	136	1	117
湖北省 Hubei Province	121	2	41		29
武汉物理与数学研究所 Wuhan Inst. of Physics and Mathematics	31		15		10
水生生物研究所 Inst. of Hydrobiology	44		12		12
武汉病毒研究所 Wuhan Inst. of Virology	9		1		
测量与地球物理研究所 Inst. of Geodesy and Geophysics	3	1	1		
武汉岩土力学研究所 Wuhan Inst. of Rock and Soil Mechanics	25	1	9		5
武汉植物园 Wuhan Botanical Garden	9		3		2
广东省、湖南省 Guangdong and Hunan Provinces	164	9	77	5	29

续表 7-4

单位 Institutions	在站博士后人数 Number of postdoctoral fellows	其中：外籍博士后在站人数 Of which: Number of postdoctors with foreign citizenship	当年进站博士后人数 Number of postdoctors enrolled in 2013	其中:外籍博士后进站人数 Of which: Number of postdoctors with foreign citizenship	当年出站博士后人数 Number of postdoctors completed research successfully in 2013
广州地球化学研究所 Guangzhou Inst. of Geochemistry	49	1	21		15
南海海洋研究所 South China Sea Inst. of Oceanology	42	3	14	1	10
华南植物园 South China Botanical Garden	30	2	11	1	3
广州能源研究所 Guangzhou Inst. of Energy Conversion	7		2		1
广州生物医药与健康研究院 Guangzhou Institutes of Biomedicine and Health	4	1	4	1	
深圳先进技术研究院 Shenzhen Institutes of Advanced Technology	30	2	23	2	
亚热带农业生态研究所 Inst. of Subtropical Agriculture	2		2		
云南省、贵州省 Yunnan and Guizhou Provinces	125	22	27	6	19
地球化学研究所 Inst. of Geochemistry	45				
昆明植物研究所 Kunming Inst. of Botany	27	6	12	2	7
昆明动物研究所 Kunming Inst. of Zoology	25	1	8		9
西双版纳热带植物园 Xishuangbanna Tropical Botanical Garden	22	15	6	4	1
云南天文台 Yunnan Observatories	6		1		2
四川省 Sichuan Province	51	2	18		14
成都山地灾害与环境研究所 Chengdu Inst. of Mountain Hazards and Environment	9		3		1
成都生物研究所 Chengdu Inst. of Biology	35	2	15		9

续表 7-4

单位 Institutions	在站博士后人数 Number of postdoctoral fellows	其中：外籍博士后在站人数 Of which: Number of postdoctors with foreign citizenship	当年进站博士后人数 Number of postdoctors enrolled in 2013	其中:外籍博士后进站人数 Of which: Number of postdoctors with foreign citizenship	当年出站博士后人数 Number of postdoctors completed research successfully in 2013
中科院成都信息技术有限公司 CAS Chengdu Information Technology Co., Ltd.	4				2
中国科学院成都有机化学有限公司 CAS Chengdu Organic Chemistry Co., Ltd.	3				2
陕西省 Shaanxi Province	44	1	11		7
西安光学精密机械研究所 Xi'an Inst. of Optics and Precision Mechanics	16		4		1
地球环境研究所 Inst. of Earth Environment	13	1	5		2
国家授时中心 National Time Service Center	3		1		
水土保持与生态环境研究中心 Research Center. of Soil & Water Conservation	12		1		4
甘肃省、青海省 Gansu and Qinghai Provinces	121	1	29	1	17
近代物理研究所 Inst. of Modern Physics	5	1	2	1	2
兰州化学物理研究所 Lanzhou Inst. of Chemical Physics	16		4		
寒区旱区环境与工程研究所 Cold and Arid Regions Environmental and Engineering Research Inst.	89		20		11
青海盐湖研究所 Qinghai Inst. of Saline Lakes	6		1		2
西北高原生物研究所 Northwest Inst. of Plateau Biology	5		2		2
新疆维吾尔自治区 Xinjiang Uygur Autonomous Region	66	6	20	1	7
新疆理化技术研究所 Xinjiang Technical Inst. of Physics and Chemistry	16	1	6	1	2
新疆生态与地理研究所 Xinjiang Inst. of Ecology and Geography	46	5	13		3
新疆天文台 Xinjiang Astronomical Observatory	4		1		2

7-5　中国科学院“百人计划”招聘情况

Status on the Recruitment of CAS Hundred Talents Program

年份 Year	招聘人数 Number of scholars selected	招聘类别 Types for selection				
		引进国外杰出人才 Bring in outstanding talents from abroad	国内“百人计划” Domestic “Hundred Talents Program”	项目“百人计划” Project “Hundred Talents Program”	自筹“百人计划” Self-financing “Hundred Talents Program”	海外知名学者 Introduce overseas celebrated scholars
合计	**2950**	**1962**	**376**	**148**	**40**	**488**
1994	14		14			
1995	20		20			
1996	28		28			
1997	88	19	69			
1998	104	72	32			
1999	115	102	13			
2000	203	190	13			
2001	133	105	11			17
2002	134	86	23			25
2003	92	75	9			8
2004	236	156	19			61
2005	292	162	17			113
2006	90	80	10			
2007	59	57	2			
2008	254	147	15	33		59
2009	299	176	10	45		68
2010	289	160	5	51		73
2011	142	111	3	13	15	
2012	246	168	57	3	18	64
2013	112	96	6	3	7	

注：1.“百人计划”是我院引进优秀人才计划的总称，从 1997 年起，它分为“引进国外杰出人才”计划和国内“百人计划”两部分；从 2001 年起，增设“海外知名学者”计划；从 2007 年起增设项目“百人计划”；2011 年开始正式设立自筹“百人计划”。

Note: 1. “Hundred Talents Program” is a general term for the recuitment of excellent talents to CAS. Since 1997, it has been expanded into two forms of the programs:“Outstanding Talents from aboard” and “Domestic Hundred Talents Program”.Two another programs were added into it. One is called “Established Overseas Sholars” created in 2001, and the other is called “Project-Based Hundred Talents Program” established in 2007.Beginning in 2011 the formal establishment of Self-financing “HTP”.

2．以上数据为各年度招聘数据，含在过程中已被取消“百人计划”资格的人员。

The above data for the annual recruitment data, including in the process has been cancelled“Hundred Talents Program” qualified personnel.

7-6 中国科学院“百人计划”各单位招聘情况

Status on the Recruitment of CAS Hundred Talents Program, by Institution

单位 Unit	招聘人数 Recruited Talents
总计 Total	**2950**
北京市、天津市 Beijing and Tianjin	1133
数学与系统科学研究院 Academy of Mathematics and Systems Science	44
物理研究所 Inst. of Physics	93
声学研究所 Inst. of Acoustics	18
理论物理研究所 Inst. of Theoretical Physics	21
理化技术研究所 Technical Inst. of Physics and Chemistry	31
高能物理研究所 Inst. of High Energy Physics	47
国家天文台 National Astronomical Observatories of China	36
力学研究所 Inst. of Mechanics	21
化学研究所 Inst. of Chemistry	80
生态环境研究中心 Research Center for Eco-Environmental Sciences	32
国家纳米科学中心 National Center for Nanoscience and Technology	20
过程工程研究所 Inst. of Process Engineering	32
地理科学与资源研究所 Inst. of Geographic Sciences and Natural Resources Research	35
青藏高原研究所 Inst.of Qinghai-Tibet Plateau	20
地质与地球物理研究所 Inst. of Geology and Geophysics	30
古脊椎动物与古人类研究所 Inst. of Vertebrate Paleontology and Paleoanthropology	11

续表 7-6

单位 Unit	招聘人数 Recruited Talents
大气物理研究所 Inst. of Atmospheric Physics	29
遥感与数字地球研究所 Inst. of Remote Sensing and Digital Earth	13
植物研究所 Inst. of Botany	43
动物研究所 Inst. of Zoology	38
心理研究所 Inst. of Psychology	16
微生物研究所 Inst. of Microbiology	41
生物物理研究所 Inst. of Biophysics	40
遗传与发育生物学研究所 Inst. of Genetics and Developmental Biology	59
北京基因组研究所 Beijing Inst. of Genetics	21
计算技术研究所 Inst. of Computing Technology	19
软件研究所 Inst. of Software	11
信息工程研究所 Inst. of Information Engineering	4
半导体研究所 Inst. of Semiconductors	29
微电子研究所 Inst. of Microelectronics	33
电子学研究所 Inst. of Electronics	15
光电研究院 Academy of Opto-Electronics	3
电工研究所 Inst. of Electrical Engineering	13
工程热物理研究所 Inst. of Engineering Thermophysics	15
空间科学与应用研究中心 Center for Space Science and Applied Research	15

续表 7-6

单位 Unit	招聘人数 Recruited Talents
自动化研究所 Inst. of Automation	26
对地观测与数字地球科学中心 Center for Earth Observation and Digital Earth	1
自然科学史研究所 Inst. of History of Natural Sciences	2
中国科学院大学 University of CAS	52
北京生命科学研究院 National Inst. of Biological Sciences, Beijing	1
计算机网络信息中心 Computer Network Information Center	2
天津工业生物技术研究所 Tianjin Inst. of Industrial Biotechnology	21
山西省 Shanxi Province	12
山西煤炭化学研究所 Shanxi Inst. of Coal Chemistry	12
辽宁省、山东省 Liaoning and Shandong Provinces	218
大连化学物理研究所 Dalian Inst. of Chemical Physics	73
沈阳应用生态研究所 Shenyang Inst. of Applied Ecology	22
沈阳自动化研究所 Shenyang Inst. of Automation	10
金属研究所 Inst. of Metals Research	51
海洋研究所 Inst. of Oceanology	32
青岛生物能源与过程研究所 QingDao Inst. of BioEnergy and BioProcess Technology	18
烟台海岸带研究所 Yantai Inst. of Coastal Zone Research	12
吉林省 Jilin Province	90
长春应用化学研究所 Changchun Inst. of Applied Chemistry	47

续表 7-6

单位 Unit	招聘人数 Recruited Talents
东北地理与农业生态研究所 Northeast Inst. of Geography and Agroecology	20
长春光学精密机械与物理研究所 Changchun Inst. of Optics，Fine Mechanics and Physics	23
上海市、福建省、浙江省 Shanghai,Fujian and Zhejiang Provinces	528
上海应用物理研究所 Shanghai Inst. of Applied Physics	24
上海天文台 Shanghai Observatory	20
上海硅酸盐研究所 Shanghai Inst. of Ceramics	37
上海有机化学研究所 Shanghai Inst. of Organic Chemistry	41
上海生命科学研究院 Shanghai Institutes for Biological Sciences	194
上海药物研究所 Shanghai Inst. of Materia Medica	19
上海巴斯德研究所 Inst. Pasteur of Shanghai	14
上海微系统与信息技术研究所 Shanghai Inst. of Microsystem and Information Technology	32
上海光学精密机械研究所 Shanghai Inst. of Optics and Fine Mechanics	36
上海技术物理研究所 Shanghai Inst. of Technical Physics	20
福建物质结构研究所 Fujian Inst. of Research on the Structure of Matter	34
城市环境研究所 Inst. of Urban Invironment	14
上海高等研究院 Shanghai Advanced Research Institute	11
宁波材料技术与工程研究所 Ningpo Inst. of Materials Technology and Engineering	32
江苏省 Jiangsu Province	100
紫金山天文台 Purple Mountain Observatory	20

续表 7-6

单位 Unit	招聘人数 Recruited Talents
南京地理与湖泊研究所 Nanjing Inst. of Geography and Limnology	11
南京地质古生物研究所 Nanjing Inst. of Geology and Palaeontology	12
南京土壤研究所 Nanjing Inst. of Soil Science	21
苏州生物医学工程技术研究所 Suzhou Inst. of Biomedical Engineering and Technology	8
苏州纳米技术与纳米仿生研究所 Suzhou Inst. of Nano-Tech and Nano-Bionics	28
安徽省 Anhui Province	231
合肥物质科学研究院 Hefei Institutes of Physical Sciences	57
中国科学技术大学 University of Science and Technology of China	174
湖北省 Hubei Province	105
武汉物理与数学研究所 Wuhan Inst. of Physics and Mathematics	35
武汉岩土力学研究所 Wuhan Inst. of Rock and Soil Mechanics	12
武汉植物园 Wuhan Botanical Garden	18
水生生物研究所 Inst. of Hydrobiology	23
武汉病毒研究所 Wuhan Inst. of Virology	14
测量与地球物理研究所 Inst.of Geodesy and Geophysics	3
广东省、湖南省 Guangdong and Hunan Provinces	158
广州地球化学研究所 Guangzhou Inst. of Geochemistry	29
南海海洋研究所 South China Sea Inst. of Oceanology	35

续表 7-6

单位 Unit	招聘人数 Recruited Talents
华南植物园 South China Botanical Garden	15
广州能源研究所 Guangzhou Inst. of Energy Conversion	18
亚热带农业生态研究所 Inst. of Subtropical Agriculture	11
中科院广州化学有限公司 CAS Guangzhou Chemistry Co., Ltd.	2
深圳先进技术研究院 Shenzhen Institutes of Advanced Technology	27
广州生物医药与健康研究院 Guangzhou Institutes of Biomedicine and Health	21
重庆市、四川省 Sichuan Province and Chongqing	48
成都山地灾害与环境研究所 Chengdu Inst. of Mountain Hazards and Environment	10
成都生物研究所 Chengdu Inst. of Biology	14
光电技术研究所 Inst. of Optics and Electronics	11
成都文献情报中心 Chengdu Documentation and Information Center	1
中科院成都信息技术有限公司 CAS Chengdu Information Technology Co., Ltd.	1
中国科学院成都有机化学有限公司 CAS Chengdu Organic Chemistry Co., Ltd.	5
重庆绿色智能技术研究院 Chongqing Inst. of Green and Intelligent Technology	6
云南省、贵州省 Yunnan and Guizhou Provinces	79
昆明植物研究所 Kunming Inst. of Botany	18
西双版纳热带植物园 Xishuangbanna Tropical Botanical Garden	11
昆明动物研究所 Kunming Inst. of Zoology	20
地球化学研究所 Inst. of Geochemistry	30
陕西省 Shaanxi Province	59

续表 7-6

单位 Unit	招聘人数 Recruited Talents
西安光学精密机械研究所 Xi'an Inst. of Optics and Precision Mechanics	26
地球环境研究所 Inst. of Earth Environment	10
水土保持与生态环境研究中心 Inst. of Soil & Water Conservation	19
国家授时中心 National Time Service Center	4
甘肃省、青海省 Gansu and Qinghai Provinces	145
近代物理研究所 Inst. of Modern Physics	35
兰州化学物理研究所 Lanzhou Inst. of Chemical Physics	37
寒区旱区环境与工程研究所 Cold and Arid Regions Environmental and Engineering Research Inst.	43
兰州油气资源研究中心 Lanzhou Center for Oil and Gas Resources	3
青海盐湖研究所 Qinghai Inst. of Saline Lakes	15
西北高原生物研究所 Northwest Inst. of Plateau Biology	12
新疆维吾尔自治区 Xinjiang Uygur Autonomous Region	42
新疆理化技术研究所 Xinjiang Technical Inst. of Physics and Chemistry	20
新疆生态与地理研究所 Xinjiang Inst. of Ecology and Geography	22
海南省 Hainan Province	2
三亚深海科学与工程研究所（筹） Sanya Inst. of Deep-sea Science and Engineering	2

7-7 中国科学院“千人计划”招聘情况
Status on the Recruitment of CAS Thousand Talents Program

年份 Year	招聘人数 Number of scholars selected	招聘类别 Types for selection	
		“千人计划”长/短期项目 The Innovative Talents Recruitment Program (Long Term/Short Term)	“青年千人计划” Recruitment Program of Young Professionals
合计	**391**	**189**	**202**
2009	40	40	
2010	57	57	
2011	61	22	39
2012	159	48	111
2013	74	22	52

注:“千人计划”是我国引进海外高层次人才计划的总称，2008 年起实施。2010 年起增设“千人计划”短期项目；2011 年起增设“青年千人计划”。

Note: China initiated “the Recruitment Program of Global Experts” (known as “the Thousand Talents Plan”) since the end of 2008, under which it would bring in overseas top talents to China over the next five to ten years. In 2010, the additional subproject for short-term program was carried out, and two other additional subprojects were also launched in the next year, which is “Recruitment Program of Young Professionals”, respectively.

7-8 中国科学院“千人计划”各单位招聘情况（2013 年）
Status on the Recruitment of CAS Thousand Talents Program, by Institution: 2013

单位 Unit	招聘人数 Recruited Talents
总计 Total	**74**
北京市 Beijing	23
数学与系统科学研究院 Academy of Mathematics and Systems Science	1
物理研究所 Inst. of Physics	5
高能物理研究所 Inst. of High Energy Physics	1

续表 7-8

单位 Unit	招聘人数 Recruited Talents
国家天文台 National Astronomical Observatories of China	3
国家纳米科学中心 National Center for Nanoscience and Technology	4
过程工程研究所 Inst. of Process Engineering	2
植物研究所 Inst. of Botany	2
生物物理研究所 Inst. of Biophysics	1
半导体研究所 Inst. of Semiconductors	1
微电子研究所 Inst. of Microelectronics	2
自动化研究所 Inst. of Automation	1
辽宁省、山东省 Liaoning and Shandong Provinces	3
大连化学物理研究所 Dalian Inst. of Chemical Physics	1
沈阳科学仪器股份有限公司 Shenyang Scientific Instrument Development Co., Ltd.	1
青岛生物能源与过程研究所 QingDao Inst. of BioEnergy and BioProcess Technology	1
吉林省 Jilin Province	3
长春应用化学研究所 Changchun Inst. of Applied Chemistry	3
上海市、福建省、浙江省 Shanghai,Fujian and Zhejiang Provinces	13
上海有机化学研究所 Shanghai Inst. of Organic Chemistry	1
上海生命科学研究院 Shanghai Institutes for Biological Sciences	7

续表 7-8

单位 Unit	招聘人数 Recruited Talents
上海微系统与信息技术研究所 Shanghai Inst. of Microsystem and Information Technology	1
上海光学精密机械研究所 Shanghai Inst. of Optics and Fine Mechanics	1
福建物质结构研究所 Fujian Inst. of Research on the Structure of Matter	1
城市环境研究所 Inst. of Urban Invironment	1
宁波材料技术与工程研究所 Ningpo Inst. of Materials Technology and Engineering	1
江苏省 Jiangsu Province	2
南京土壤研究所 Nanjing Inst. of Soil Science	1
苏州纳米技术与纳米仿生研究所 Suzhou Inst. of Nano-Tech and Nano-Bionics	1
安徽省 Anhui Province	19
合肥物质科学研究院 Hefei Institutes of Physical Sciences	4
中国科学技术大学 University of Science and Technology of China	15
广东省 Guangdong Province	5
南海海洋研究所 South China Sea Inst. of Oceanology	1
深圳先进技术研究院 Shenzhen Institutes of Advanced Technology	3
广州生物医药与健康研究院 Guangzhou Institutes of Biomedicine and Health	1
云南省 Yunnan Province	2

续表 7-8

单位 Unit	招聘人数 Recruited Talents
西双版纳热带植物园 Xishuangbanna Tropical Botanical Garden	1
昆明动物研究所 Kunming Inst. of Zoology	1
陕西省 Shaanxi Province	3
西安光学精密机械研究所 Xi’an Inst. of Optics and Precision Mechanics	3
新疆维吾尔自治区 Xinjiang Uygur Autonomous Region	1
新疆生态与地理研究所 Xinjiang Inst. of Ecology and Geography	1

八、高等教育

HIGHER EDUCATION

8-1 录取研究生和授予学位情况
Total Enrollment of Graduate Students and Degrees Granted

单位：人 (person)

年份 Year	录取研究生 Total enrollment			授予学位 Total degrees granted		
	合计 Total	博士 Doctor's degree	硕士 Master's degree	合计 Total	博士 Doctor's degree	硕士 Master's degree
1955～1965	1287		1287			
1978	1400		1400			
1979	351		351			
1980	193		193			
1981	1123	107	1016	974		974
1982	1329	42	1287	178		178
1983	1334	59	1275	205		205
1984	1772	253	1519	469		469
1985	2349	372	1977	1181	72	1109
1986	2314	392	1922	998	78	920
1987	2361	561	1800	1187	82	1105
1988	2325	513	1812	2255	189	2066
1989	1966	416	1550	2370	313	2057
1990	1883	488	1395	1662	226	1436
1991	1862	562	1300	1940	326	1614
1992	2197	702	1495	1580	278	1302
1993	2383	724	1659	1019	244	775
1994	3024	1180	1844	1529	413	1116
1995	3372	1466	1906	1693	518	1175
1996	3631	1603	2028	2179	689	1490
1997	3605	1605	2000	2516	849	1667
1998	3769	1720	2049	2391	1111	1280

续表 8-1

年份 Year	录取研究生 Total enrollment			授予学位 Total degrees granted		
	合计 Total	博士 Doctor's degree	硕士 Master's degree	合计 Total	博士 Doctor's degree	硕士 Master's degree
1999	4287	1926	2361	2769	1213	1556
2000	5807	2622	3185	2662	1247	1415
2001	7344	3171	4173	2953	1473	1480
2002	9346	3943	5403	3009	1451	1558
2003	11439	5004	6435	4019	1931	2088
2004	12981	5562	7419	5092	2428	2664
2005	13639	5691	7948	6851	3116	3735
2006	14007	5726	8281	8160	4036	4124
2007	14315	5749	8566	9353	4597	4756
2008	14731	5786	8945	10704	5053	5651
2009	15893	6111	9782	11003	5155	5848
2010	16882	6092	10790	10717	5347	5370
2011	16851	6363	10488	10318	5317	5001
2012	17446	6643	10803	11453	5524	5929
2013	18303	7069	11234	13009	5904	7105

注：2013 年录取研究生数据不包括代上海科技大学招收的 296 名硕士研究生。

The number of admission offers and overall enrollment excludes 296 postgraduate student enrollments on behalf of the Shanghai University of Science and Technology.

8-2 研究生培养

Total Enrollment of Graduate

单位：人

单位 Institution	录取研究生 Enrollment in 2013		
	合计 Total	博士 Doctor's degree	硕士 Master's degree
总计 Total	**18303**	**7069**	**11234**
北京市 Beijing	6491	2838	3653
数学与系统科学研究院 Academy of Mathematics & Systems Science	211	105	106
物理研究所 Inst. of Physics	276	152	124
声学研究所 Inst. of Acoustics	152	64	88
理论物理研究所 Inst. of Theoretical Physics	41	21	20
理化技术研究所 Technical Inst. of Physics and Chemistry	163	72	91
高能物理研究所 Inst. of High Energy Physics	178	86	92
国家天文台 National Astronomical Observatories of China	72	40	32
力学研究所 Inst. of Mechanics	111	39	72
化学研究所 Inst. of Chemistry	330	196	134
生态环境研究中心 Research Center for Eco-Environmental Sciences	202	116	86
过程工程研究所 Inst. of Process Engineering	132	69	63
地理科学与资源研究所 Inst. of Geographic Sciences and Natural Resources Research	218	128	90
地质与地球物理研究所 Inst. of Geology and Geophysics	188	106	82
古脊椎动物与古人类研究所 Inst. of Vertebrate Paleontology and Paleoanthropology	22	12	10
大气物理研究所 Inst. of Atmospheric Physics	140	84	56

及授予学位情况（2013 年）

Students and Degrees Granted: 2013

(person)

在学研究生 Total enrollment			授予博士学位 Doctor's degree				授予硕士学位 Master's degree			
合计 Total	博士 Doctor's degree	硕士 Master's degree	合计 Total	理学 Natural sciences	工学 Engineering sciences	其他 Others	合计 Total	理学 Natural sciences	工学 Engineering sciences	其他 Others
52600	23683	28917	5904	3471	2065	368	7105	2678	1622	2805
19067	9586	9481	2375	1417	814	144	2556	476	650	1430
561	321	240	84	73	3	8	37	26	2	9
790	506	284	104	104			24	9		15
418	196	222	63	17	46		43	2	14	27
124	83	41	19	19			3	3		
432	206	226	61	40	21		56	11	16	29
471	255	216	80	59	21		27	7	1	19
227	142	85	35	35			9	9		
341	121	220	42		42		39		39	
960	648	312	191	185	6		25	1		24
661	407	254	105	25	80		71	15	30	26
427	246	181	56		56		60		18	42
722	458	264	110	99	8	3	70	63	2	5
601	404	197	78	65	13		29	25	4	
81	37	44	15	15			17	17		
415	248	167	76	76			8	8		

单位 Institution	录取研究生 Enrollment in 2013		
	合计 Total	博士 Doctor's degree	硕士 Master's degree
遥感与数字地球研究所 Inst. of Remote Sensing and Digital Earth	154	71	83
植物研究所 Inst. of Botany	192	88	104
动物研究所 Inst. of Zoology	157	90	67
心理研究所 Inst. of Psychology	93	39	54
微生物研究所 Inst. of Microbiology	146	64	82
生物物理研究所 Inst. of Biophysics	184	96	88
遗传与发育生物学研究所 Inst. of Genetics and Developmental Biology	135	91	44
北京基因组研究所 Beijing Inst. of Genetics	71	28	43
计算技术研究所 Inst. of Computing Technology	279	90	189
计算机网络信息中心 Computer Network Information Center	55	9	46
软件研究所 Inst. of Software	138	46	92
信息工程研究所 Inst. of Information Engineering	219	68	151
半导体研究所 Inst. of Semiconductors	229	113	116
微电子研究所 Inst. of Microelectronics	101	44	57
电子学研究所 Inst. of Electronics	180	77	103
电工研究所 Inst. of Electric Engineering	89	36	53
工程热物理研究所 Inst. of Engineering Thermophysics	78	33	45
空间科学与应用研究中心 Center for Space Science and Applied Research	109	39	70
自动化研究所 Inst. of Automation	213	106	107

续表 8-2

在学研究生 Total enrollment			授予博士学位 Doctor's degree				授予硕士学位 Master's degree			
合计 Total	博士 Doctor's degree	硕士 Master's degree	合计 Total	理学 Natural sciences	工学 Engineering sciences	其他 Others	合计 Total	理学 Natural sciences	工学 Engineering sciences	其他 Others
470	220	250	76	65	11		92	33	10	49
637	330	307	80	80			53	47	6	
530	318	212	79	79			34	27		7
282	142	140	36			36	50	1		49
464	269	195	45	45			36	26		10
568	295	273	108	104		4	16	10		6
525	395	130	72	72			9	6		3
211	94	117	31	31			25	25		
932	416	516	87		87		175		117	58
168	33	135	5		5		45		33	12
454	189	265	33		33		89		57	32
403	146	257	17		17		24		21	3
594	317	277	89	17	72		44	2	27	15
314	106	208	34		34		106		23	83
532	239	293	60		60		59		43	16
278	137	141	30		30		48		29	19
237	101	136	29		29		41		22	19
315	127	188	29	18	11		43	16	27	
623	369	254	93		93		51		23	28

单位 Institution	录取研究生 Enrollment in 2013		
	合计 Total	博士 Doctor's degree	硕士 Master's degree
自然科学史研究所 Inst. of History of Natural Sciences	21	11	10
科技政策与管理科学研究所 Inst. of Policy and Management	39	21	18
文献情报中心 Documentation and Information Center	49	17	32
中国科学院大学 University of CAS	921	188	733
青藏高原研究所 Inst. of Qinghai-Tibet Plateau	49	22	27
国家纳米科学中心 National Center for Nanoscience Technology	89	45	44
光电研究院 Academy of Opto-Electronics	40	11	29
空间应用工程与技术中心 Technology and Engineering Center for Space Utilization	25	5	20
天津市 Tianjin	22	7	15
天津工业生物技术研究所 Tianjin Inst. of Industrial Biotechnology	22	7	15
河北省 Hebei Province	51	20	31
渗流流体力学研究所 Inst. of Osmotic Mechanics	27	10	17
遗传与发育生物学研究所农业资源研究中心 Center for Agricultural Resources Research, Institute of Genetics and Developmental Biology	24	10	14
山西省 Shanxi Province	107	52	55
山西煤炭化学研究所 Shanxi Inst. of Coal Chemistry	107	52	55
辽宁省、山东省 Liaoning and Shandong Provinces	1007	462	545
大连化学物理研究所 Dalian Inst. of Chemical Physics	257	136	121
沈阳应用生态研究所 Shenyang Inst. of Applied Ecology	106	45	61
中国科学院沈阳计算技术研究所有限公司 CAS Shenyang Computing Technology Co., Ltd.	60	8	52

续表 8-2

在学研究生 Total enrollment			授予博士学位 Doctor's degree				授予硕士学位 Master's degree			
合计 Total	博士 Doctor's degree	硕士 Master's degree	合计 Total	理学 Natural sciences	工学 Engineering sciences	其他 Others	合计 Total	理学 Natural sciences	工学 Engineering sciences	其他 Others
69	39	30	12	10		2	11	10		1
131	77	54	19			19	12			12
158	61	97	14			14	32			32
2362	642	1720	133	46	28	58	865	58	55	752
137	76	61	19	19			13	13		
264	127	137	22	19	3		7	6	1	
124	38	86	5		5		38		19	19
54	5	49					20		11	9
64	21	43					9	3	1	5
64	21	43					9	3	1	5
140	59	81	16	7	9		19	7	10	2
71	30	41	9		9		10		10	
69	29	40	7	7			9	7		2
321	181	140	34	11	23		25	5	20	
321	181	140	34	11	23		25	5	20	
3135	1692	1443	414	202	201	11	386	95	139	152
841	572	269	104	67	37		24	3	13	8
330	154	176	47	32	8	7	53	28	3	22
176	24	152	5		5		72		36	36

单位 Institution	录取研究生 Enrollment in 2013		
	合计 Total	博士 Doctor'degree	硕士 Master's degree
沈阳自动化研究所 Shenyang Inst. of Automation	108	44	64
金属研究所 Inst. of Metals Research	205	101	104
海洋研究所 Inst. of Oceanology	167	79	88
青岛生物能源与过程研究所 Qingdao Inst. Of Bioenergy and Bioprocess Technology	51	26	25
烟台海岸带研究所 Yantai Inst. of Coastal Zone Research	53	23	30
吉林省 Jilin Province	624	293	331
长春光学精密机械与物理研究所 Changchun Inst. of Optics, Fine Mechanics and Physics	323	135	188
长春应用化学研究所 Changchun Inst. of Applied Chemistry	236	124	112
东北地理与农业生态研究所 Northeast Inst. of Geography and Agroecology	63	34	29
国家天文台长春人造卫星观测站 Changchun Observatory,National Astronomical Observatories	2		2
上海市、福建省、浙江省 Shanghai, Fujian and Zhejiang Provinces	2055	876	1179
上海应用物理研究所 Shanghai Inst. of Applied Physics	134	54	80
上海天文台 Shanghai Observatory	42	17	25
上海硅酸盐研究所 Shanghai Inst. of Ceramics	164	65	99
上海有机化学研究所 Shanghai Inst. of Organic Chemistry	187	81	106
上海药物研究所 Shanghai Inst. of Materia Medica	182	77	105
上海生命科学研究院 Shanghai Institutes for Biological Sciences	551	262	289
上海微系统与信息技术研究所 Shanghai Inst. of Microsystem and Information Technology	167	63	104

续表 8-2

在学研究生 Total enrollment			授予博士学位 Doctor's degree				授予硕士学位 Master's degree			
合计 Total	博士 Doctor's degree	硕士 Master's degree	合计 Total	理学 Natural sciences	工学 Enginee-ring sciences	其他 Others	合计 Total	理学 Natural sciences	工学 Enginee-ring sciences	其他 Others
346	185	161	32		32		37		29	8
651	388	263	87		87		67		34	33
486	221	265	94	86	4	4	83	51	3	29
156	81	75	25	15	10		22	6	10	6
149	67	82	20	2	18		28	7	11	10
1867	978	889	287	209	78		128	46	56	26
947	457	490	105	38	67		83	12	51	20
727	410	317	155	155			20	20		
187	111	76	27	16	11		23	12	5	6
6		6					2	2		
5829	2876	2953	823	477	267	79	449	120	152	177
387	182	205	44	26	18		26	6	20	
125	64	61	22	22			14	14		
478	194	284	63	6	57		52	2	20	30
505	192	313	72	72			20	20		
462	239	223	79			79	22			22
1659	1037	622	284	284			63	38		25
462	199	263	51		51		36		33	3

单位 Institution	录取研究生 Enrollment in 2013		
	合计 Total	博士 Doctor'degree	硕士 Master's degree
上海光学精密机械研究所 Shanghai Inst. of Optics and Fine Mechanics	169	70	99
上海技术物理研究所 Shanghai Inst. of Technical Physics	126	56	70
声学研究所东海研究站 Shanghai Acoustics Laboratory	11		11
福建物质结构研究所 Fujian Inst. of Research on the Structure of Matter	118	50	68
宁波材料技术与工程研究所 Ningbo Inst. of Material Technology and Engineering	64	28	36
上海巴斯德研究所 Inst. Pasteur of Shanghai	42	19	23
城市环境研究所 Inst. of Urban Environment	55	25	30
上海高等研究院 Shanghai Advanced Research Institute	43	9	34
江苏省 Jiangsu Province	290	130	160
紫金山天文台 Purple Mountain Observatory	38	17	21
南京地理与湖泊研究所 Nanjing Inst. of Geography and Limnology	55	30	25
南京地质古生物研究所 Nanjing Inst. of Geology and Palaeontology	22	9	13
南京土壤研究所 Nanjing Inst. of Soil Science	86	43	43
国家天文台南京天文光学技术研究所 Nanjing Institute of Astronomical Optics&Technology	19	5	14
南京中科天文仪器有限公司 CAS Nanjing Astronomic Instrument Co., Ltd.	2		2
苏州纳米技术与纳米仿生研究所 Suzhou Institute of Nano-Tech and Nano-Bionics	50	22	28
苏州生物医学工程技术研究所 Suzhou Inst. of Biomedical Engineering and Technology	18	4	14
安徽省 Anhui Province	4804	1149	3655

在学研究生 Total enrollment			授予博士学位 Doctor's degree				授予硕士学位 Master's degree			
合计 Total	博士 Doctor's degree	硕士 Master's degree	合计 Total	理学 Natural sciences	工学 Enginee-ring sciences	其他 Others	合计 Total	理学 Natural sciences	工学 Enginee-ring sciences	其他 Others
492	226	266	56	14	42		69	6	31	32
353	165	188	49		49		24	1	23	
34		34					7	4	3	
317	146	171	47	39	8		48	19	8	21
191	85	106	31	7	24		44	9	6	29
121	66	55	6	6			4			4
169	79	90	18		18		13		7	6
74	2	72	1	1			7	1	1	5
844	423	421	103	45	33	25	101	48	24	29
124	65	59	8	8			8	8		
169	98	71	28	17	11		23	11	12	
70	32	38	4	4			9	9		
272	151	121	42	4	13	25	33	7	5	21
59	19	40	3	3			10	10		
7		7					1	1		
139	54	85	18	9	9		17	2	7	8
4	4									
12723	3678	9045	838	411	372	55	2251	1286	315	650

单位 Institution	录取研究生 Enrollment in 2013		
	合计 Total	博士 Doctor'degree	硕士 Master's degree
合肥物质科学研究院 Hefei Institutes of Physical Sciences	348	141	207
中国科学技术大学 University of Science and Technology of China	4456	1008	3448
湖北省 Hubei Province	496	225	271
武汉物理与数学研究所 Wuhan Inst. of Physics and Mathematics	94	43	51
武汉岩土力学研究所 Wuhan Inst. of Rock and Soil Mechanics	70	38	32
测量与地球物理研究所 Inst. of Geodesy and Geophysics	43	19	24
武汉植物园 Wuhan Botanical Garden	45	18	27
水生生物研究所 Inst. of Hydrobiology	166	73	93
武汉病毒研究所 Wuhan Inst. of Virology	78	34	44
广东省、湖南省 Guangdong and Hunan Provinces	637	271	366
中科院广州化学有限公司 CAS Guangzhou Chemistry Co., Ltd.	30	11	19
广州地球化学研究所 Guangzhou Inst. of Geochemistry	168	87	81
南海海洋研究所 South China Sea Inst. of Oceanology	100	39	61
华南植物园 South China Botanical Garden	110	41	69
广州能源研究所 Guangzhou Inst. of Energy Conversion	54	19	35
亚热带农业生态研究所 Inst. of Subtropical Agriculture	44	19	25
广州生物医药与健康研究院 Guangzhou Institutes of Biomedicine and Health	60	28	32
深圳先进技术研究院 Shenzhen Institutes of Advanced Technology	71	27	44
四川省、重庆市 Sichuan Province and Chongqing	401	168	233

续表 8-2

在学研究生 Total enrollment			授予博士学位 Doctor's degree				授予硕士学位 Master's degree			
合计 Total	博士 Doctor's degree	硕士 Master's degree	合计 Total	理学 Natural sciences	工学 Engineering sciences	其他 Others	合计 Total	理学 Natural sciences	工学 Engineering sciences	其他 Others
1043	487	556	121	79	42		112	57	38	17
11680	3191	8489	717	332	330	55	2139	1229	277	633
1516	788	728	206	157	49		191	111	28	52
285	154	131	38	38			19	19		
203	116	87	29		29		42		19	23
128	64	64	17	7	10		12	8	4	
151	68	83	18	18			34	22		12
490	249	241	74	64	10		49	33	5	11
259	137	122	30	30			35	29		6
1906	912	994	249	154	87	8	281	123	66	92
80	25	55	17	17			12	11	1	
510	309	201	104	47	57		29	14	7	8
309	134	175	38	30	8		47	36	5	6
317	128	189	39	39			54	38		16
169	63	106	11		11		33		24	9
131	68	63	10	10			24	16		8
167	89	78	19	11		8	15	8		7
223	96	127	11		11		67		29	38
1158	540	618	120	52	59	9	147	43	52	52

单位 Institution	录取研究生 Enrollment in 2013		
	合计 Total	博士 Doctor'degree	硕士 Master's degree
中国科学院成都有机化学有限公司 CAS Chengdu Organic Chemistry Co., Ltd.	56	29	27
成都山地灾害与环境研究所 Chengdu Inst. of Mountain Hazards and Environment	66	34	32
成都生物研究所 Chengdu Inst. of Biology	97	40	57
中科院成都信息技术有限公司 CAS Chengdu Information Technology Co., Ltd.	35	12	23
光电技术研究所 Inst. of Optics and Electronics	120	45	75
重庆绿色智能技术研究院 Chongqing Inst. of Green and Intelligent Technology	27	8	19
云南省、贵州省 Yunnan and Guizhou Provinces	395	171	224
云南天文台 Yunnan Astronomical Observatory	39	17	22
昆明植物研究所 Kunming Inst. of Botany	112	52	60
西双版纳热带植物园 Xishuangbanna Tropical Botanical Garden	61	19	42
昆明动物研究所 Kunming Inst. of Zoology	82	38	44
地球化学研究所 Inst. of Geochemistry	101	45	56
陕西省 Shaanxi Province	262	108	154
国家授时中心 National Time Service Center	44	18	26
水土保持与生态环境研究中心 Inst. of Soil & Water Conservation	48	23	25
西安光学精密机械研究所 Xi'an Inst. of Optics and Precision Mechanics	134	51	83
地球环境研究所 Inst. of Earth Environment	36	16	20
甘肃省、青海省 Gansu and Qinghai Provinces	461	220	241
近代物理研究所 Inst. of Modern Physics	103	46	57

续表 8-2

在学研究生 Total enrollment			授予博士学位 Doctor's degree				授予硕士学位 Master's degree			
合计 Total	博士 Doctor's degree	硕士 Master's degree	合计 Total	理学 Natural sciences	工学 Engineering sciences	其他 Others	合计 Total	理学 Natural sciences	工学 Engineering sciences	其他 Others
171	100	71	19	15	4		15	11	4	
197	100	97	31	20	10	1	30	10	11	9
289	136	153	33	17	8	8	41	22	3	16
111	48	63	3		3		15		15	
349	148	201	34		34		46		19	27
41	8	33								
1207	581	626	149	126	5	18	156	113	1	42
122	60	62	13	13			15	15		
333	172	161	44	26		18	52	24		28
193	68	125	22	22			37	37		
268	136	132	28	28			24	19		5
291	145	146	42	37	5		28	18	1	9
838	402	436	62	21	22	19	153	26	73	54
143	69	74	4	2	2		37	4	19	14
164	87	77	25	6		19	24	3		21
423	192	231	19	3	16		79	10	50	19
108	54	54	14	10	4		13	9	4	
1374	706	668	165	135	30		150	122	16	12
296	151	145	25	16	9		26	17	9	

单位 Institution	录取研究生 Enrollment in 2013		
	合计 Total	博士 Doctor'degree	硕士 Master's degree
兰州化学物理研究所 Lanzhou Inst. of Chemical Physics	109	60	49
兰州油气资源研究中心 Lanzhou Center for Oil and Gas Resources	22	10	12
青海盐湖研究所 Qinghai Inst. of Saline Lakes	38	12	26
西北高原生物研究所 Northwest Inst. of Plateau Biology	47	18	29
寒区旱区环境与工程研究所 Cold and Arid Regions Environmental and Engineering Research Inst.	142	74	68
新疆维吾尔自治区 Xinjiang Uygur Autonomous Region	200	79	121
新疆天文台 Xinjiang Astronomical Observatory	17	6	11
新疆理化技术研究所 Xinjiang Technical Inst. of Physics and Chemistry	73	32	41
新疆生态与地理研究所 Xinjiang Inst. of Ecology and Geography	110	41	69

注：录取研究生和在学研究生数据不包括代上海科技大学招收的 296 名硕士研究生。

Note: The number of admission offers and overall enrollment excludes 296 postgraduate student enrollments on behalf of

续表 8-2

在学研究生 Total enrollment			授予博士学位 Doctor's degree				授予硕士学位 Master's degree			
合计 Total	博士 Doctor's degree	硕士 Master's degree	合计 Total	理学 Natural sciences	工学 Enginee-ring sciences	其他 Others	合计 Total	理学 Natural sciences	工学 Enginee-ring sciences	其他 Others
316	170	146	52	41	11		20	13	2	5
60	32	28	8	8			7	7		
111	30	81	14	14			19	15	3	1
144	63	81	6	6			24	18		6
447	260	187	60	50	10		54	52	2	
611	260	351	63	47	16		103	54	19	30
50	18	32	1	1			9	9		
207	83	124	28	12	16		32	8	15	9
354	159	195	34	34			62	37	4	21

the Shanghai University of Science and Technology.

8-3 本科生录取和毕业大学生情况

Enrollment and Graduation of Undergraduate Students

单位：人 (person)

年份 Year	录取大学生 Total enrollment			毕业大学生 Total graduation		
	合计 Total	本科 Regular college courses	专科 Special college courses	合计 Total	本科 Regular college courses	专科 Special college courses
1978	999	999				
1979	3009	3009		869	799	70
1980	557	557		1451	1334	117
1981	568	568		108		108
1982	639	588	51	690	690	
1983	721	662	59	668	668	
1984	758	714	44	529	476	53
1985	835	777	58	593	534	59
1986	752	752		574	574	
1987	985	810	175	572	572	
1988	1054	774	280	850	638	212
1989	748	632	116	892	687	205
1990	860	695	165	1003	734	269
1991	970	776	194	820	683	137
1992	1291	865	426	987	821	166
1993	1870	1032	838	899	684	215
1994	1721	1084	637	869	493	376
1995	1621	1123	498	1502	611	891
1996	1759	1148	611	1494	867	627
1997	1448	1248	200	1366	886	480
1998	1583	996	587	1590	1450	140
1999	1980	1840	140	1181	984	197
2000	2042	1902	140	1875	1540	335

续表 8-3

年份 Year	录取大学生 Total enrollment			毕业大学生 Total graduation		
	合计 Total	本科 Regular college courses	专科 Special college courses	合计 Total	本科 Regular college courses	专科 Special college courses
2001	2005	1825	180	1986	1704	282
2002	1863	1863		2012	1871	141
2003	1862	1862		2321	2321	
2004	1848	1848		1754	1754	
2005	1842	1842		1763	1763	
2006	1941	1941		1797	1797	
2007	1963	1963		1753	1753	
2008	1690	1690		1866	1866	
2009	1806	1806		1845	1845	
2010	1787	1787		1884	1877	7
2011	1788	1788		1918	1918	
2012	1828	1828		1680	1680	
2013	1856	1856		1736	1736	

8-4 中国科学院院长奖学金获奖情况

Statistics of CAS President's Scholarship

单位：人 (person)

年份 Year	获特别奖人数 Number of special awards	获优秀奖人数 Number of excellence awards
1989	8	136
1990	10	145
1991	10	142
1992	9	154
1993	10	154
1994	15	151
1995	16	152
1996	20	150
1997	20	149
1998	20	150
1999	20	150
2000	20	149
2001	19	151
2002	20	150
2003	20	200
2004	20	199
2005	20	196
2006	20	199
2007	20	200
2008	20	200
2009	20	200
2010	20	200
2011	50	300
2012	50	300
2013	50	300

九、专利、科技论文、获奖成果

PATENTS, S&T PAPERS AND AWARD-WINNING ACHIEVEMENTS

9-1 专利申请受理量及授权量

Number of Patents Applied and Granted

单位：件 (item)

年份 Year	申请量 Applied					授权量 Granted				
	合计 Total	发明 Invention	实用新型 Utility model	外观设计 Exterior design	国外 overseas	合计 Total	发明 Invention	实用新型 Utility model	外观设计 Exterior design	国外 overseas
1985~1990	1607	988	619			790	371	419		
1991	298	190	107	1		168	89	79		
1992	367	228	139			212	105	107		
1993	414	262	150	2		255	104	150	1	
1994	453	269	182	2		197	81	112	4	
1995	499	301	195	3		224	86	137	1	
1996	791	467	318	6		192	86	105	1	
1997	945	589	333	23		257	93	160	4	
1998	1059	694	346	19		264	76	176	12	
1999	1127	775	340	12		472	108	360	4	
2000	1701	1218	468	15		802	442	352	8	
2001	2010	1491	477	7	35	920	449	453	12	6
2002	2523	1945	502	19	57	1006	583	413	5	5
2003	3263	2617	578	15	53	1534	1055	450	17	12
2004	3595	2944	567	35	49	2048	1484	521	29	14
2005	3960	3328	492	79	61	1959	1498	429	21	11
2006	4092	3510	487	11	84	2111	1536	517	45	13
2007	4424	3907	426	6	85	2197	1659	508	12	18
2008	5616	4826	582	20	188	2665	2072	554	11	28
2009	6222	5481	529	8	204	3167	2579	539	15	34
2010	7527	6608	568	21	330	3406	2731	604	13	58
2011	9487	8178	729	52	528	4522	3744	659	46	73
2012	11028	9644	741	31	612	5974	5017	825	33	99
2013	13292	11392	1282	36	582	6383	4944	1220	40	179

9-2 专利申请受理量及授权量（2013 年）

Number of Patents Applied and Granted: 2013

单位：件 (item)

机构名称 Institution	申请量 Applied					授权量 Granted				
	合计 Total	发明 Invention	实用新型 Utility model	外观设计 Exterior design	国外 Overseas	合计 Total	发明 Invention	实用新型 Utility model	外观设计 Exterior design	国外 Overseas
总计 Total	**13292**	**11392**	**1282**	**36**	**582**	**6383**	**4944**	**1220**	**40**	**179**
深圳先进技术研究院 Shenzhen Institutes of Advanced Technology	1123	963	119	8	33	178	83	85	10	
大连化学物理研究所 Dalian Inst. of Chemical Physics	924	786	35	5	98	246	197	27		22
微电子研究所 Inst. of Microelectronics	469	384	17		68	383	278	45		60
中国科学技术大学 University of Science and Technology of China	425	346	71		8	261	185	74		2
半导体研究所 Inst. of Semiconductors	378	349	22		7	115	99	16		
合肥物质科学研究院 Hefei Institutes of Physical Sciences	370	338	32			186	141	43	2	
长春光学精密机械与物理研究所 Changchun Inst. of Optics, Fine Mechanics and Physics	352	352				182	182	0		
过程工程研究所 Inst. of Process Engineering	337	308	6		23	189	181	6		2
自动化研究所 Inst. of Automation	335	290	4		41	93	91			2
沈阳自动化研究所 Shenyang Inst. of Automation	317	218	89	2	8	120	65	53	2	
宁波材料技术与工程研究所 Ningbo Inst. of Material Technology and Engineering	310	267	25		18	146	106	39		1
西安光学精密机械研究所 Xi'an Inst. of Optics and Precision Mechanics	297	163	132	2		160	42	116	2	

续表 9-2

机构名称 Institution	申请量 Applied					授权量 Granted				
	合计 Total	发明 Invention	实用新型 Utility model	外观设计 Exterior design	国外 Overseas	合计 Total	发明 Invention	实用新型 Utility model	外观设计 Exterior design	国外 Overseas
计算技术研究所 Inst. of Computing Technology	284	283	1			107	103	1		3
上海硅酸盐研究所 Shanghai Inst. of Ceramics	278	260	7		11	177	165	10		2
长春应用化学研究所 Changchun Inst. of Applied Chemistry	277	253	10	5	9	137	124	7	3	3
上海光学精密机械研究所 Shanghai Inst. of Optics and Fine Mechanics	263	254	5		4	75	65	10		
上海微系统与信息技术研究所 Shanghai Inst. of Microsystem and Information Technology	255	206	28		21	152	134	5		13
化学研究所 Inst. of Chemistry	249	234	2		13	149	141	2		6
苏州纳米技术与纳米仿生研究所 Suzhou Inst. of Nano-tech and Nano-bionics	244	235	5		4	84	82	2		
声学研究所 Inst. of Acoustics	242	228	13		1	105	83	15	2	5
金属研究所 Inst. of Metal Research	239	187	52			212	159	53		
上海技术物理研究所 Shanghai Inst. of Technical Physics	206	125	80		1	104	45	59		
理化技术研究所 Technical Inst. of Physics and Chemistry	203	182	15		6	112	100	12		
光电技术研究所 Inst. of Optics and Electronics	201	191	2	2	6	118	108	1	4	5
电子学研究所 Inst. of Electronics	188	185	2		1	95	92	2	1	
电工研究所 Inst. of Electrical Engineering	175	161	9		5	100	91	8		1

续表 9-2

机构名称 Institution	申请量 Applied					授权量 Granted				
	合计 Total	发明 Invention	实用新型 Utility model	外观设计 Exterior design	国外 Overseas	合计 Total	发明 Invention	实用新型 Utility model	外观设计 Exterior design	国外 Overseas
苏州生物医学工程技术研究所 Suzhou Inst. of Biomedical Engineering and Technology	167	111	51	5		33	8	20	5	
信息工程研究所 Inst. of Information Engineering	158	155	3			4	1	3		
海洋研究所 Inst. of Oceanology	140	127	13			92	78	14		
上海生命科学研究院 Shanghai Institutes for Biological Sciences	139	112	1		26	68	57	2		9
广州能源研究所 Guangzhou Inst. of Energy Conversion	132	100	22		10	90	64	26		
工程热物理研究所 Inst. of Engineering Thermophysics	128	82	38		8	87	43	43	1	
福建物质结构研究所 Fujian Inst. of Research on the Structure of Matter	118	95	13		10	57	46	10		1
国家纳米科学中心 National Center for Nanoscience and Technology	115	105	1		9	34	31	2		1
上海药物研究所 Shanghai Inst. of Materia Medica	113	71			42	90	66			24
上海高等研究院 Shanghai Advanced Research Institute	109	88	18	1	2	20	13	7		
重庆绿色智能技术研究院 Chongqing Inst. of Green and Intelligent Technology	107	94	13			11	1	10		
光电研究院 Academy of Opto-Electronics	101	73	27		1	34	2	32		
兰州化学物理研究所 Lanzhou Inst. of Chemical Physics	100	99			1	34	33			1
物理研究所 Inst. of Physics	98	88	3		7	61	52	8		1

续表 9-2

机构名称 Institution	申请量 Applied					授权量 Granted				
	合计 Total	发明 Invention	实用新型 Utility model	外观设计 Exterior design	国外 Overseas	合计 Total	发明 Invention	实用新型 Utility model	外观设计 Exterior design	国外 Overseas
新疆理化技术研究所 Xinjiang Technical Inst. of Physics and Chemistry	97	94	1		2	53	51			2
生态环境研究中心 Research Center for Eco-Environmental Sciences	95	83	10		2	52	42	10		
遗传与发育生物学研究所 Inst. of Genetics and Developmental Biology	89	74	11		4	125	115	10		
寒区旱区环境与工程研究所 Cold and Arid Regions Environmental and Engineering Research Inst.	89	45	44			56	9	47		
东北地理与农业生态研究所 Northeast Inst. of Geography and Agricultural Ecology	88	83	5			43	37	6		
力学研究所 Inst. of Mechanics	84	83	1		0	30	29	1		
北京纳米能源与系统研究所 Beijing Inst. of Nanoenergy and Nanosystems	83	65	13		5	4		4		
山西煤炭化学研究所 Shanxi Inst. of Coal Chemistry	81	74	7			66	57	9		
武汉岩土力学研究所 Wuhan Inst. of Rock and Soil Mechanics	80	62	18			53	33	20		
上海有机化学研究所 Shanghai Inst. of Organic Chemistry	79	63	3		13	49	45	2		2
青岛生物能源与过程研究所 Qingdao Inst. of Bioenergy and Bioprocess Technology	76	72	4			27	22	5		
空间科学与应用研究中心 Center for Space Science and Applied Research	74	74				40	40			

续表 9-2

机构名称 Institution	申请量 Applied					授权量 Granted				
	合计 Total	发明 Invention	实用新型 Utility model	外观设计 Exterior design	国外 Overseas	合计 Total	发明 Invention	实用新型 Utility model	外观设计 Exterior design	国外 Overseas
高能物理研究所 Inst. of High Energy Physics	72	65	7			31	20	10		1
计算机网络信息中心 Computer Network Information Center	69	58			11	17	17			
城市环境研究所 Inst. of Urban Environment	63	53	10			3		3		
沈阳应用生态研究所 Shenyang Inst. of Applied Ecology	59	48	11			41	28	13		
青海盐湖研究所 Qinghai Inst. of Saline Lakes	58	57	1			14	13	1		
微生物研究所 Inst. of Microbiology	57	55			2	55	54			1
广州生物医药与健康研究院 Guangzhou Institutes of Biomedicine and Health	57	43	6	3	5	39	29	7	3	
遥感与数字地球研究所 Inst. of Remote Sensing and Digital Earth	55	55				25	20	5		
烟台海岸带研究所 Yantai Inst. of Coastal Zone Research	54	52	2			30	23	6		1
软件研究所 Inst. of Software	53	53				46	46			
国家天文台 National Astronomical Observatories of China	52	44	6		2	34	25	9		
南海海洋研究所 South China Sea Inst. of Oceanology	49	37	5		7	49	42	6		1
昆明植物研究所 Kunming Inst. of Botany	49	49				28	28			
地质与地球物理研究所 Inst. of Geology and Geophysics	45	37	3		5	39	26	13		

续表 9-2

机构名称 Institution	申请量 Applied					授权量 Granted				
	合计 Total	发明 Invention	实用新型 Utility model	外观设计 Exterior design	国外 Overseas	合计 Total	发明 Invention	实用新型 Utility model	外观设计 Exterior design	国外 Overseas
上海应用物理研究所 Shanghai Inst. of Applied Physics	44	35	9			47	29	18		
南京地理与湖泊研究所 Nanjing Inst. of Geography and Limnology	42	28	14			23	13	10		
华南植物园 South China Botanical Garden	41	38	2		1	31	28	3		
昆明动物研究所 Kunming Inst. of Zoology	41	37	4			21	16	5		
西北高原生物研究所 Northwest Inst. of Plateau Biology	40	38	2			10	8	2		
广州地球化学研究所 Guangzhou Inst. of Geochemistry	39	25	9		5	22	13	6		3
南京土壤研究所 Nanjing Inst. of Soil Science	38	25	10		3	36	21	15		
武汉物理与数学研究所 Wuhan Inst. of Physics and Mathematics	38	26	11		1	21	14	7		
水生生物研究所 Inst. of Hydrobiology	37	25	11		1	22	11	10		1
中国科学院大学 University of CAS	36	36				21	16	5		
成都生物研究所 Chengdu Inst. of Biology	36	35	1			46	41	4		1
近代物理研究所 Inst. of Modern Physics	36	25	8		3	18	7	11		
新疆生态与地理研究所 Xinjiang Inst. of Ecology and Geography	34	30	4			31	21	10		
植物研究所 Inst. of Botany	32	30	1		1	56	54	2		
生物物理研究所 Inst. of Biophysics	31	27	2		2	11	11			

续表 9-2

机构名称 Institution	申请量 Applied					授权量 Granted				
	合计 Total	发明 Invention	实用新型 Utility model	外观设计 Exterior design	国外 Overseas	合计 Total	发明 Invention	实用新型 Utility model	外观设计 Exterior design	国外 Overseas
天津工业生物技术研究所 Tianjin Inst. of Industrial Biotechnology	31	30			1	12	12			
亚热带农业生态研究所 Inst. of Subtropical Agriculture	27	27				19	19			
成都山地灾害与环境研究所 Chengdu Inst. of Mountain Hazards and Environment	23	15	8			27	8	18		1
国家授时中心 National Time Service Center	20	10	10			15	8	7		
地球化学研究所 Inst. of Geochemistry	18	13	5			7	3	4		
武汉植物园 Wuhan Botanical Garden	16	15	1			18	17	1		
武汉病毒研究所 Wuhan Inst. of Virology	15	14			1	21	20			1
地理科学与资源研究所 Inst. of Geographic Sciences and Natural Resources Research	11	9	2			14	12	2		
西双版纳热带植物园 Xishuangbanna Tropical Botanical Garden	11	9	2			9	7	2		
动物研究所 Inst. of Zoology	10	6	3		1	15	10	5		
沈阳科学仪器股份有限公司 CAS Shenyang Scientific Instrument Development Co., Ltd.	10	8			2	3	3			
南京中科天文仪器有限公司 CAS Nanjing Astronomic Instrument Co., Ltd.	10	5	5			10	3	7		

续表 9-2

机构名称 Institution	申请量 Applied					授权量 Granted				
	合计 Total	发明 Invention	实用新型 Utility model	外观设计 Exterior design	国外 Overseas	合计 Total	发明 Invention	实用新型 Utility model	外观设计 Exterior design	国外 Overseas
空间应用工程与技术中心 Technology and Engineering Center for Space Utilization	8	7	1							
上海天文台 Shanghai Observatory	7	5		2		4	2		2	
测量与地球物理研究所 Inst. of Geodesy and Geophysics	7	7				7	5	2		
北京基因组研究所 Beijing Inst. of Genomics	6	6				10	10			
大气物理研究所 Inst. of Atmospheric Physics	5	5				4	3	1		
紫金山天文台 Purple Mountain Observatory	5	5				6	6			
心理研究所 Inst. of Psychology	3	3								
成都信息技术有限公司 CAS Chengdu Information Technology Co., Ltd.	3	3				5	2	3		
成都中科唯实仪器有限责任公司 CAS Chengdu Wish Instrument Co., Ltd.	3		3			3	1	2		
数学与系统科学研究院 Academy of Mathematics and Systems Science	2	2				1	1			
科技政策与管理科学研究所 Inst. of Policy and Management	1	1								
南京地质古生物研究所 Nanjing Inst. of Geology and Palaeontology	1	1				4	1		3	
广州电子技术有限公司 CAS Guangzhou Electronics Technology Co., Ltd.	1			1		2		2		
地球环境研究所 Inst. of Earth Environment						1		1		

9-3　科技论文的发表及被引用情况

S&T Publications and Citations

年份 Year	被国际上收录（篇） Catalogued by major international indexes (article)	SCIE 论文 Catalogued by SCIE (article)	SCI 论文被引用 Cited internationally		国内刊物发表（篇） Publications in domestic journals (article)
			篇 (article)	次 (time)	
1988	2212	1713			5458
1989	1740	1270			6099
1990	2097	1611	1568		6430
1991	2304	1690	1217	2440	6671
1992	2642	1724	1943	3898	7170
1993	3539	1877	2284	4393	6754
1994	4064	1993	2318	4286	7038
1995	4614	2276	2615	5033	7424
1996	4219	2224	2943	5727	7813
1997	5500	2926	3436	6724	8175
1998	5478	3277	3815	7534	8593
1999	8249	5376	4250	8582	9526
2000	9186	6063	5219	11046	10299
2001	10165	6725	6135	13658	11022
2002	11740	7611	7756	17624	11181
2003	14516	8632	9772	24746	12169
2004	15738	9500	9860	24746	12790
2005	22257	11952	15053	41934	13826
2006	23589	12392	17620	51926	14654
2007	24045	12423	19853	62007	13872
2008	26569	13761	23284	78600	13673
2009	26104	14202	24995	96405	13395
2010	30586	15655	25604	81489	12846
2011	29440	16550	29456	113802	10774
2012	30750	18357	35171	134453	12164

资料来源：中国科技信息研究所信息分析研究中心（表 9-3，表 9-4）。

Source: Center for Information Analysis, Institute of S&T Information of China (Table 9-3 and Table 9-4).

注：1. 被国际收录的论文数据采集自美国的三种在国际上颇有影响的检索工具，即《科学引文索引》、《工程索引》和《科学技术会议索引》，国内论文数据直接取自选作统计源的国内科技期刊（2012 年为 1994 种）。

Note: Data in “Papers catalogued by major international indexes” are from SCI, EI and ISTP, and data in “Publications in domestic journals” are selected directly from domestic S&T journals (1994 journals in 2012) which are taken as the source.

2. SCI 论文被引用情况是指 SCI 引文数据库前 5 年收录的论文情况在第六年被引用的统计，例如，2012 年 SCI 被引用是指 2007～2011 年被收录的论文在 2012 年被引用的情况，2011 年 SCI 论文被引用情况是指 2006～2010 年被收录的论文在 2011 年被引用的情况。其他年份依次类推。

Citation in the sixth year of papers quoted during the previous five years. For instance,citation in 2012 of papers quoted in 2007～2011, citation in 2011 of papers quoted in 2006～2010.The rest of the years is on this analogy.

3. 自 1999 年此表《SCI》论文检索数据源由光盘版改为扩展版《SCIE》。

Since 1999, SCI data in the table came from the network of SCIE instead of the light disk.

9-4 科技论文的发表及被引用情况（2012 年）
S&T Publications and Citations: 2012

	被国际上收录（篇）Catalogued by major international indexes (article)	SCIE 论文 Catalogued by SCIE (article)	SCI 论文被引用 Cited internationally 篇 (article)	次 (time)	国内刊物发表（篇）Publications in domestic journals (article)
总计 Total	**30750**	**18357**	**35171**	**134453**	**12164**
一、按学科分 By discipline					
数学 Mathematics	663	262	254	493	84
信息科学与系统科学 Information science & systems science	153	62	29	105	52
力学 Mechanics	702	104	78	155	96
物理学 Physics	4840	3044	5590	17270	822
化学 Chemistry	5998	4878	12421	63160	558
天文学 Astronomy	733	553	1041	3292	145
地球科学 Earth sciences	2019	1531	2294	7401	1425
生物学 Biologcal sciences	2961	2437	4323	14230	1039
预防医学 Preventive medicine	32	32	40	93	19
基础医学 Basic medical science	312	289	708	2639	89
药学 Pharmacy	253	251	396	1135	63
临床医学 Clinical medicine	143	137	223	898	73
中医学 Chinese herbal medicine	8	8	2	2	100
军事医学与特种医学 Military medicine & Special medicine	9	5	9	21	8
农学 Agronomy	295	233	474	1289	675
林学 Forestry	42	42	90	203	139
畜牧兽医 Animal husbandry & veterinary medicine	24	23	18	33	84

续表 9-4

	被国际上收录（篇）Catalogued by major international indexes (article)	SCIE 论文 Catalogued by SCIE (article)	SCI 论文被引用 Cited internationally 篇 (article)	次 (time)	国内刊物发表（篇）Publications in domestic journals (article)
水产 Fishery	125	125	218	664	57
测绘技术 Mapping technology	54				159
材料科学 Material sciences	2974	1355	2743	8784	386
工程与技术基础学科 Basic engineering and technology	303	10	232	889	10
矿业 Mining	22	11	27	91	37
能源科学技术 Energy science & technology	700	247	316	1038	131
冶金、金属 Metallurgy & metal	355	103	86	261	175
机械工程 Mechanical engineering	478	116	237	502	368
动力与电气 Dynamics & electrical engineering	499	68	7	11	340
核科学技术 Nuclear science & technology	138	83	76	166	132
电子、通信与自动控制 Electrnics, communication & automation control technology	1573	299	480	1024	1630
计算科学技术 Computer science & technology	1158	396	178	385	972
化工 Chemical engineering	479	254	476	1504	344
轻工纺织 Light industry & textile	2				15
食品 Food (salty)	101	85	60	140	50
土木建筑 Civil engineering	632	14	32	102	180
水利 Water conservancy	206	141	55	101	59
交通运输 Transportation	84	1	2	2	41
航空航天 Space and astronautics	66	6	42	53	183
安全科学技术 Safty science technology	75	44	11	42	25
环境科学 Environmental science & technology	1325	1098	1888	6249	829
管理学 Mangement	87	5	7	11	22

续表 9-4

	被国际上收录（篇）Catalogued by major international indexes (article)	SCIE 论文 Catalogued by SCIE (article)	SCI 论文被引用 Cited internationally 篇 (article)	次 (time)	国内刊物发表（篇）Publications in domestic journals (article)
其他 Others	127	4	8	15	548
二、按单位分 By unit					
（一）院直属事业单位 Institution					
北京分院（筹） Beijing Branch	11196	6610	12430	47808	4256
沈阳分院 Shenyang Branch	2476	1565	3250	13389	861
长春分院 Changchun Branch	2068	1038	2563	12681	864
上海分院 Shanghai Branch	4080	2518	5931	23013	952
南京分院 Nanjing Branch	696	441	672	1970	468
合肥物质科学研究院 Hefei Institutes of Physical Sciences	1026	517	930	3937	324
武汉分院 Wuhan Branch	806	541	829	2339	396
广州分院 Guangzhou Branch	1327	930	1308	4434	632
成都分院 Chengdu Branch	618	308	440	1503	374
昆明分院 Kunming Branch	683	584	973	2651	281
西安分院 Xi'an Branch	424	209	288	788	143
兰州分院 Lanzhou Branch	1218	751	1287	4014	645
新疆分院 Xinjiang Branch	291	214	125	347	287
中国科学院本部 CAS Headquarters	1		3	5	4
（二）学校及公共支撑单位 Universitites and Public Supporting Institute	3763	2098	4130	15550	1497
（三）与中国科学院共建单位 With the Chinese Academy of Sciences Build Units Institute	54	33	11	23	180

注：1. 论文的学科分类是以论文所属学科，按国家标准《学科分类与代码》（GB/T13745—1992）进行的分类统计。

Note：Papers are classified by disciplins.The statistics are based on the discipline classification of the state standards (GB/T13745—1992).

2. 被国际收录论文有 23 篇，对作者单位只检索到“中国科学院”，故此表未含该部分论文数。
23 papers were catalogued by major internal indexes. Authors' institutions are searched only under the categoey of CAS. so, this table does not include these numbers of paper.

9-5 科技论文在国内重要期刊上发表及被引用情况
S&T Papers Published and Cited by Major Domestic Journals

年份 Year	国内期刊发表数（篇） Papers published in domestic journals (article)	其中： NSFC 基金论文数（篇） NSFC papers (article)	在国内被引用 Cited domestically 篇 (article)	在国内被引用 Cited domestically 次 (time)
1990	4738	1215		
1991	4780	1342		
1992	5025	1570		
1993	4826	1611		
1994	4931	1783	2164	2968
1995	5092	1848	2309	3141
1996	6592	2331	2989	3911
1997	7261	2680	3455	4701
1998	7291	4016	3998	5316
1999	8301	3353	5466	8028
2000	9356	3585	6752	10188
2001	9688	4350	7034	11047
2002	9773	4570	8546	13716
2003	10588	4770	9414	15678
2004	11112	5047	11378	19928
2005	11670	5728	12606	22567
2006	11336	5561	13809	25060
2007	11195	5654	13698	25696
2008	11219	5592	14313	26321
2009	11006	5382	16271	29725
2010	10445	5302	16189	29261
2011	12000	6331	19369	36727
2012	11752	6625	19238	36037

资料来源：中国科学引文数据库。

Source: Chinese Science Citation Database (Core Database).

注：中国科学引文数据库的数据来源于国内较重要的 1124 种（1989～1995 年为 315 种）中英文期刊。NSFC 基金论文数是指受国家自然科学基金资助的论文数。在国内被引用情况是指中国科学引文数据库前 5 年收录的论文在第六年被引用的统计，例如，2012 年国内被引情况是指 2007～2011 年被收录的论文在 2012 年被引用的情况，2011 年国内被引情况是指 2006～2010 年被收录的论文在 2010 年被引用的情况。其他年份依次类推。

Note: Data in Chinese Science Citation Database are from 1124 major domestic S&T journals in Chinese and English (315 major domestic S&T journals in 1989～1995). Data of NSFC papers refer to the number of papers which are published on the basis of research projects supported by the National Natural Science Foundation of China. Domestic citation refers to the citation of papers quoted by Chinese Science Citation Database over the previous five years. For instance, the citation in 2012 of papers quoted in 2007～2011,the citation in 2011 of papers quoted in 2006～2010. The papers citation for the rest of the years is on this analogy.

9-6 科技论文在国内重要期刊上被引次数最多的前 30 名机构（2012 年）

Top 30 Institutions in Citation of S&T Papers by Major Domestic Journals: 2012

机构名称 Institution	在国内被引用 Cited domestically	
	篇 (article)	次 (time)
地理科学与资源研究所 Inst. of Geographic Sciences and Natural Resources Research	1143	2644
地质与地球物理研究所 Inst. of Geology and Geophysics	853	2124
寒区旱区环境与工程研究所 Cold and Arid Regions Environmental and Engineering Research Inst.	867	1883
中国科学技术大学 University of Science and Technology of China	1068	1600
长春光学精密机械与物理研究所 Changchun Inst. of Optics, Fine Mechanics and Physics	776	1433
南京土壤研究所 Nanjing Inst. of Soil Science	623	1293
东北地理与农业生态研究所 Northeast Inst. of Geography and Agriculture Ecology	571	1125
大气物理研究所 Inst. of Atmospheric Physics	496	1111
新疆生态与地理研究所 Xinjiang Inst. of Ecology and Geography	539	1111
生态环境研究中心 Research Center of Eco-Environmental Sciences	517	1110
沈阳应用生态研究所 Shenyang Inst. of Applied Ecology	509	1018
中国科学院大学 University of CAS	598	988
广州地球化学研究所 Guangzhou Inst. of Geochemistry	486	977
南京地理与湖泊研究所 Nanjing Inst. of Geography and Limnology	425	936
地球化学研究所 Inst. of Geochemistry	355	670
海洋研究所 Inst. of Oceanology	332	580
植物研究所 Inst. of Botany	238	551
合肥物质科学研究院 Hefei Inst. of Physical Science	352	518
武汉岩土力学研究所 Wuhan Inst. of Rock and Soil Mechanics	255	470
成都山地灾害与环境研究所 Inst. of Mountain Hazards and Environment	237	461
遥感与数字地球研究所 Inst. of Remote Sensing and Digital Earth	272	446

续表 9-6

机构名称 Institution	在国内被引用 Cited domestically	
	篇 (article)	次 (time)
水生生物研究所 Inst. of Hydrobiologys	238	441
亚热带农业生态研究所 Inst. of Subtropical Agriculture Ecology	212	438
电子研究所 Inst. of Electronics	254	409
南海海洋研究所 South China Sea Inst. of Oceanology	235	406
计算技术研究所 Inst. of Computing Technology	201	391
上海光学精密机械研究所 Shanghai Inst. of Optics and Fine Mechanics	212	381
华南植物园 South China Botanical Garden	167	340
大连化学物理研究所 Dalian Inst. of Chemical Physics	209	331
电工研究所 Inst. of Electrical Engineering	144	325

资料来源：中国科学引文数据库。

Source: Chinese Science Citation Database (Core Database).

注：国内被引情况是指 2007～2011 年被中国科学引文数据库收录的论文在 2012 年被引用的情况。

Note: Domestic citation refers to citation in 2012 of papers quoted by Chinese Science Citation Database in 2007～2011.

9-7 获国家自然科学奖情况

S&T Achievements Granted with National Natural Science Awards

年份 Year	项目 Item	获奖总项数 Total	一等奖 1st class	二等奖 2nd class	三等奖 3rd class	四等奖 4th class
1956 （第一届）	全国授奖项数 National total	34	3	5	26	
	中国科学院获奖数 Awards won by CAS	23	3	2	18	
1982 （第二届）	全国授奖项数 National total	125	9	40	49	27
	中国科学院获奖数 Awards won by CAS	47	2	23	17	5
1987 （第三届）	全国授奖项数 National total	178	11	39	87	41
	中国科学院获奖数 Awards won by CAS	72	7	17	33	15
1989 （第四届）	全国授奖项数 National total	59	2	19	23	15
	中国科学院获奖数 Awards won by CAS	32	2	11	14	5
1991 （第五届）	全国授奖项数 National total	53		10	31	12
	中国科学院获奖数 Awards won by CAS	16		5	11	
1993 （第六届）	全国授奖项数 National total	52	1	18	21	12
	中国科学院获奖数 Awards won by CAS	20	1	11	6	2
1995 （第七届）	全国授奖项数 National total	57		15	27	15
	中国科学院获奖数 Awards won by CAS	25		10	11	4
1997 （第八届）	全国授奖项数 National total	51	1	8	30	12
	中国科学院获奖数 Awards won by CAS	20	1	5	12	2
1999 （第九届）	全国授奖项数 National total	57		10	31	16
	中国科学院获奖数 Awards won by CAS	21		7	11	3
2000 （第十届）	全国授奖项数 National total	15		15		
	中国科学院获奖数 Awards won by CAS	6		6		
2001 （第十一届）	全国授奖项数 National total	18		18		
	中国科学院获奖数 Awards won by CAS	8		8		
2002 （第十二届）	全国授奖项数 National total	24	1	23		
	中国科学院获奖数 Awards won by CAS	12	1	11		

续表 9-7

年份 Year	项目 Item	获奖总项数 Total	一等奖 1st class	二等奖 2nd class	三等奖 3rd class	四等奖 4th class
2003 （第十三届）	全国授奖项数 National total	19	1	18		
	中国科学院获奖数 Awards won by CAS	6	1	5		
2004 （第十四届）	全国授奖项数 National total	28		28		
	中国科学院获奖数 Awards won by CAS	10		10		
2005 （第十五届）	全国授奖项数 National total	38		38		
	中国科学院获奖数 Awards won by CAS	17		17		
2006 （第十六届）	全国授奖项数 National total	29	2	27		
	中国科学院获奖数 Awards won by CAS	12		12		
2007 （第十七届）	全国授奖项数 National total	39		39		
	中国科学院获奖数 Awards won by CAS	13		13		
2008 （第十八届）	全国授奖项数 National total	34		34		
	中国科学院获奖数 Awards won by CAS	17		17		
2009 （第十九届）	全国授奖项数 National total	28	1	27		
	中国科学院获奖数 Awards won by CAS	13	1	12		
2010 （第二十届）	全国授奖项数 National total	30		30		
	中国科学院获奖数 Awards won by CAS	10		10		
2011 （第二十一届）	全国授奖项数 National total	36		36		
	中国科学院获奖数 Awards won by CAS	13		13		
2012 （第二十二届）	全国授奖项数 National total	41		41		
	中国科学院获奖数 Awards won by CAS	18		18		
2013 （第二十三届）	全国授奖项数 National total	54	1	53		
	中国科学院获奖数 Awards won by CAS	17	1	16		

注：表中院获奖数是院属单位为第一完成单位的获奖数。自 2000 年始国家自然科学奖只设一、二等奖。2003 年增设特等奖。

Note: In the table, the number of awards won by CAS indicates the number of awards won by the CAS institution who is the first unit for the achievement. Since 2000, National Natural Science Awards only has had 1st and 2nd class Awards. Since 2003, Special Class Award of Natural Science Awards has been added.

9-8 获国家技术发明奖情况

S&T Achievements Granted with National Technology Invention Awards

年份 Year	项目 Item	获奖总项数 Total	一等奖 1st class	二等奖 2nd class	三等奖 3rd class	四等奖 4th class
1979	全国授奖项数 National total	43	1	12	24	6
	中国科学院获奖数 Awards won by CAS	12	1	3	7	1
1980	全国授奖项数 National total	109		13	75	21
	中国科学院获奖数 Awards won by CAS	22		4	17	1
1981	全国授奖项数 National total	123	3	10	56	54
	中国科学院获奖数 Awards won by CAS	6			3	3
1982	全国授奖项数 National total	153	4	17	68	64
	中国科学院获奖数 Awards won by CAS	9			4	5
1983	全国授奖项数 National total	212	5	18	108	81
	中国科学院获奖数 Awards won by CAS	11		2	8	1
1984	全国授奖项数 National total	264	7	25	125	107
	中国科学院获奖数 Awards won by CAS	15	1	3	8	3
1985	全国授奖项数 National total	185	6	18	92	69
	中国科学院获奖数 Awards won by CAS	6			4	2
1986	全国授奖项数 National total	30		3	12	15
	中国科学院获奖数 Awards won by CAS					
1987	全国授奖项数 National total	225	1	24	96	104
	中国科学院获奖数 Awards won by CAS	12		1	9	2
1988	全国授奖项数 National total	217	4	20	97	96
	中国科学院获奖数 Awards won by CAS	12	1	2	6	3
1989	全国授奖项数 National total	150		14	67	69
	中国科学院获奖数 Awards won by CAS	4			3	1
1990	全国授奖项数 National total	224	3	15	113	93
	中国科学院获奖数 Awards won by CAS	5			4	1

续表 9-8

年份 Year	项目 Item	获奖总项数 Total	一等奖 1st class	二等奖 2nd class	三等奖 3rd class	四等奖 4th class
1991	全国授奖项数 National total	209	1	12	92	104
	中国科学院获奖数 Awards won by CAS	7	1	1	4	1
1992	全国授奖项数 National total	170		10	68	92
	中国科学院获奖数 Awards won by CAS	5		1	1	3
1993	全国授奖项数 National total	175		16	74	85
	中国科学院获奖数 Awards won by CAS	5		2	3	
1995	全国授奖项数 National total	131	1	12	59	59
	中国科学院获奖数 Awards won by CAS	4		1	3	
1996	全国授奖项数 National total	111	1	8	56	46
	中国科学院获奖数 Awards won by CAS	9		1	6	2
1997	全国授奖项数 National total	100	1	13	46	40
	中国科学院获奖数 Awards won by CAS					
1998	全国授奖项数 National total	72		10	30	32
	中国科学院获奖数 Awards won by CAS	4		1	1	2
1999	全国授奖项数 National total	69		13	38	18
	中国科学院获奖数 Awards won by CAS	7		2	4	1
2000	全国授奖项数 National total	23		23		
	中国科学院获奖数 Awards won by CAS	2		2		
2001	全国授奖项数 National total	14		14		
	中国科学院获奖数 Awards won by CAS	1		1		
2002	全国授奖项数 National total	21		21		
	中国科学院获奖数 Awards won by CAS	1		1		
2003	全国授奖项数 National total	19		19		
	中国科学院获奖数 Awards won by CAS	1		1		

续表 9-8

年份 Year	项目 Item	获奖总项数 Total	一等奖 1st class	二等奖 2nd class	三等奖 3rd class	四等奖 4th class
2004	全国授奖项数 National total	28	2	26		
	中国科学院获奖数 Awards won by CAS	1		1		
2005	全国授奖项数 National total	40	1	39		
	中国科学院获奖数 Awards won by CAS	8		8		
2006	全国授奖项数 National total	56	1	55		
	中国科学院获奖数 Awards won by CAS	5		5		
2007	全国授奖项数 National total	51	1	50		
	中国科学院获奖数 Awards won by CAS	3		3		
2008	全国授奖项数 National total	55	3	52		
	中国科学院获奖数 Awards won by CAS	3		3		
2009	全国授奖项数 National total	55	2	53		
	中国科学院获奖数 Awards won by CAS	2		2		
2010	全国授奖项数 National total	46	2	44		
	中国科学院获奖数 Awards won by CAS	2		2		
2011	全国授奖项数 National total	55	2	53		
	中国科学院获奖数 Awards won by CAS	6		6		
2012	全国授奖项数 National total	63	2	61		
	中国科学院获奖数 Awards won by CAS	7		7		
2013	全国授奖项数 National total	55	1	54		
	中国科学院获奖数 Awards won by CAS	9		9		

注：1. 1994 年国家技术发明奖停评一年。

Note: The evaluation of achievements for National Technology Invention Awards was suspended in 1994 for a year.

2. 表中院获奖数是院属单位为第一完成单位的获奖数。自 2000 年始国家技术发明奖只设一、二等奖。2003 年增设特等奖。

In the table, the number of awards won by CAS indicates the number of awards won by the CAS institution who is the first unit for the achievement. Since 2000, National Technology Invention Awards only has had 1st and 2nd class Awards. Since 2003, the Special Class Award of National Technology Invention Awards has been established.

9-9 获国家科技进步奖情况

S&T Achievements Granted with National S&T Progress Awards

年份 Year	项目 Item	获奖总项数 Total	特等奖 Special class	一等奖 1st class	二等奖 2nd class	三等奖 3rd class	创新团队 Innovation Team
1985	全国授奖项数 National total	1761	23	135	535	1068	
	中国科学院获奖数 Awards won by CAS	73	2	8	28	35	
1987	全国授奖项数 National total	807	4	50	237	516	
	中国科学院获奖数 Awards won by CAS	36		1	13	22	
1988	全国授奖项数 National total	515	3	34	151	327	
	中国科学院获奖数 Awards won by CAS	29		4	11	14	
1989	全国授奖项数 National total	504	3	36	152	313	
	中国科学院获奖数 Awards won by CAS	26		1	9	16	
1990	全国授奖项数 National total	505	3	32	142	328	
	中国科学院获奖数 Awards won by CAS	17	1	3	5	8	
1991	全国授奖项数 National total	502	1	32	140	329	
	中国科学院获奖数 Awards won by CAS	28		1	11	16	
1992	全国授奖项数 National total	649	3	38	195	413	
	中国科学院获奖数 Awards won by CAS	40		4	14	22	
1993	全国授奖项数 National total	441	2	27	122	290	
	中国科学院获奖数 Awards won by CAS	22		3	10	9	
1995	全国授奖项数 National total	607	2	25	182	398	
	中国科学院获奖数 Awards won by CAS	44		2	13	29	
1996	全国授奖项数 National total	536	4	20	169	343	
	中国科学院获奖数 Awards won by CAS	31			8	23	
1997	全国授奖项数 National total	475	3	19	150	303	
	中国科学院获奖数 Awards won by CAS	21		1	10	10	

续表 9-9

年份 Year	项目 Item	获奖总项数 Total	特等奖 Special class	一等奖 1st class	二等奖 2nd class	三等奖 3rd class	创新团队 Innovation Team
1998	全国授奖项数 National total	471	3	22	133	313	
	中国科学院获奖数 Awards won by CAS	24		2	6	16	
1999	全国授奖项数 National total	476	2	17	143	314	
	中国科学院获奖数 Awards won by CAS	20			6	14	
2000	全国授奖项数 National total	250		22	228		
	中国科学院获奖数 Awards won by CAS	9			9		
2001	全国授奖项数 National total	191		17	174		
	中国科学院获奖数 Awards won by CAS	7		1	6		
2002	全国授奖项数 National total	218		18	200		
	中国科学院获奖数 Awards won by CAS	14			14		
2003	全国授奖项数 National total	216	1	16	199		
	中国科学院获奖数 Awards won by CAS	9			9		
2004	全国授奖项数 National total	244		16	228		
	中国科学院获奖数 Awards won by CAS	14		1	13		
2005	全国授奖项数 National total	236		18	218		
	中国科学院获奖数 Awards won by CAS	18			18		
2006	全国授奖项数 National total	241	1	20	220		
	中国科学院获奖数 Awards won by CAS	13		2	11		
2007	全国授奖项数 National total	254		19	235		
	中国科学院获奖数 Awards won by CAS	14			14		
2008	全国授奖项数 National total	254	3	26	225		
	中国科学院获奖数 Awards won by CAS	14		1	13		

续表 9-9

年份 Year	项目 Item	获奖总项数 Total	特等奖 Special class	一等奖 1st class	二等奖 2nd class	三等奖 3rd class	创新团队 Innovation Team
2009	全国授奖项数 National total	282	3	17	262		
	中国科学院获奖数 Awards won by CAS	14			14		
2010	全国授奖项数 National total	273	3	31	239		
	中国科学院获奖数 Awards won by CAS	12		1	11		
2011	全国授奖项数 National total	283	1	20	262		
	中国科学院获奖数 Awards won by CAS	12			12		
2012	全国授奖项数 National total	162	2	13	144		3
	中国科学院获奖数 Awards won by CAS	5		1	4		
2013	全国授奖项数 National total	137	1	13	120		3
	中国科学院获奖数 Awards won by CAS	7		1	5		1

注：1. 国家科技进步奖 1986 年、1994 年停评。

Note: The evaluation of achievements for National S&T Progress Awards was suspended in 1986 and 1994 respectively.

2. 表中院获奖数是院属单位为第一完成单位的获奖数。自 2000 年始国家科技进步奖设一、二等奖。2003 年增设特等奖。2012 年在科技进步奖中增设创新团队。

In the table, the number of awards won by CAS indicates the number of awards won by the CAS institution who is the first unit for the achievement. Since 2000, National S&T Progress Awards has had only 1st and 2nd class Awards. Since 2003, the Special Class Award of National S&T Progress Awards has been established.Since 2012, the Innovation Team Award of Nation S&T Progress Awards has been established.

9-10 获国家科学技术奖情况（2013 年）

S&T Achievements Granted with National S&T Awards: 2013

	合计 Total	一等奖 1st class	二等奖 2nd class
总计 **Total**	**33**	3	30
一、国家最高科学技术奖（人） State Supreme S&T Award (person)	1		
二、国家自然科学奖（项） National Natural Science Award (item)	17	1	16
物理研究所 Inst. of Physics	1	1	
数学与系统科学研究院 Academy of Mathematics and Systems Science	1		1
云南天文台 Yunnan Observatories	1		1
化学研究所 Inst. of Chemistry	1		1
古脊椎动物与古人类研究所 Inst. of Geology and Geophysics	1		1
中国科学院水利部水土保持研究所 Inst. of Soil & Water Conservation	1		1
遗传与发育生物学研究所 Inst. of Genetics and Developmental Biology	1		1
广州生物医药与健康研究院 Guangzhou Institutes of Biomedicine and Health	1		1
上海硅酸盐研究所 Shanghai Inst. of Ceramics	1		1
理化技术研究所 Xinjiang Technical Inst. of Physics and Chemistry	1		1
力学研究所 Inst. of Mechanics	1		1
中国科学技术大学 University of Science and Technology of China	1		1
上海有机化学研究所 Shanghai Inst. of Organic Chemistry	1		1
高能物理研究所 Inst. of High Energy Physics	1		1
地质与地球物理研究所 Inst. of Geology and Geophysics	1		1
上海生命科学研究院 Shanghai Institutes for Biological Sciences	1		1
上海药物研究所 Shanghai Inst. of Materia Medica	1		1
三、国家技术发明奖（项） National Technology Invention Award (item)	9		9
植物研究所 Inst. of Botany	1		1
昆明动物研究所 Kunming Inst. of Zoology	1		1
过程工程研究所 Inst. of Process Engineering	1		1
化学研究所 Inst. of Chemistry	1		1

续表 9-10

	合计 Total	一等奖 1st class	二等奖 2nd class
理化技术研究所 Technical Inst. of Physics and Chemistry	1		1
电子学研究所 Inst. of Electronics	1		1
微电子研究所 Inst. of Microelectronics	1		1
半导体研究所 Inst. of Semiconductors	1		1
电工研究所 Inst. of Electrical Engineering	1		1
四、国家科技进步奖（项） National S&T Progress Award (item)	7	2	5
上海应用物理研究所 Shanghai Inst. of Applied Physics	1	1	
合肥物质科学研究院 Hefei Institutes of Physical Sciences	1	1	
生物物理研究所 Inst. of of Biophysics	1		1
计算技术研究所 Inst. of Computing Technology	1		1
上海药物研究所 Shanghai Inst. of Materia Medica	1		1
上海光学精密机械研究所 Shanghai Inst. of Optics and Fine Mechanics	1		1
武汉岩土力学研究所 Wuhan Inst. of Rock and Soil Mechanics	1		1

注：1. 国家最高科学技术奖每年只奖励 2 人。
Note: State Supreme S&T Award is only given to 2 persons every year.
2. 总计中不包括国家最高科学技术奖。
The total number excludes the State Supreme S&T Award.
3. 表中院获奖数是院属单位为第一完成单位的获奖数。
In the table, the number of awards won by CAS indicates the number of awards won by the CAS institution who is the first unit for the achievement.

十、院、所投资企业开发经营活动

BUSINESS ACTIVITIES OF CAS AND ITS INSTITUTION INVESTED ENTERPRISES

10-1 院、所投资企业总体情况

Statistical Indices of CAS and Its Institution Invested Enterprises

单位：万元 (ten thousand yuan)

项目 Items	2009 年	2010 年	2011 年	2012 年	2013 年
资产总额 Total assets	14996911	19493802	23452771	29191932	30583755
流动资产 Current assets	10550546	13577212	16368636	20010161	20943740
负债总额 Total liabilities	10139865	13026600	16534318	20733897	21650431
所有者权益 Total owners' equity	3510513	4693098	5041821	5735202	6636620
营业收入 Operating income	17375585	22325182	24189938	26947808	29342342
营业成本 Cost of sales	14981227	19458555	23465252	22892794	24605630
费用总额 Total fees	2040205	2304446	2974258	3702573	3949612
利润总额 Total profit	647944	1000447	1021214	1124717	1208949
上缴税金总额 Total tax paid	432787	430326	474279	624096	827707
利税总额 Total profit and tax	878975	1220985	966516	1445257	1808548
创汇额（万美元） Foreign exchange income (ten thousand US dollars)	376486	412266	371568	352022	518466
R&D 投入 R&D investment	215371	276352	351682	482283	581984
上缴院所利润 Profit turned over to CAS and institutes	49047	25407	27446	25574	31329
上缴院所费用 Fees turned over to CAS and institutes	2590	4114	1982	1861	1528
在职职工总数（人） Total number of regular staff	73524	86808	97744	105259	131330
统计企业数（个） Number of enterprises	516	551	562	595	656

注：各项统计指标是以企业法人为单位进行统计的。

Note: The statistical indices here are calculated by taking enterprises corporate as the legal bodies.

10-2 院、所投资企业按在职职工总数分组（2013 年）

CAS and Its Institution Invested Enterprises, by Number of Staff: 2013

	合计 Total	1～10 人 1～10 persons	11～50 人 11～50 persons	51～100 人 51～100 persons	101～200 人 101～200 persons	201～300 人 201～300 persons	>301 人 >301 persons
企业数（个） Number of enterprises	656	173	247	92	74	22	48
(%)	100	26.37	37.65	14.02	11.28	3.35	7.32
人　数 Number of people	131330	791	6352	6723	10442	5493	101529
(%)	100	0.60	4.84	5.12	7.95	4.18	77.31

注：未提供人数的企业划在 1～10 人范围内。

Note: The number of people of the enterprises which do not provide data is assumed as less than 10.

10-3 院、所投资企业按营业收入分组（2013 年）

CAS and Its Institution Invested Enterprises, by Operating Income: 2013

单位：万元　　(ten thousand yuan)

	合计 Total	0～<100	100～ <500	500～ <1000	1000～ <5000	5000～ <10000	>10000
企业数（个） Number of enterprises	477	120	92	54	112	31	68
(%)	100	25.16	19.29	11.32	23.48	6.50	14.26
营业收入 Operating income	29342342	2587	24608	39544	270664	217662	28787277
(%)	100	0.01	0.08	0.13	0.92	0.74	98.11

注：表 10-3，表 10-4，表 10-7 中企业数（个）是以集团合并报表进行统计得出的结果。

Note: The number of enterprises in Table 10-3, Table 10-4 and Table 10-7 are calculated by taking the number of CAS invested group corporations statistical statement.

10-4 院、所投资企业按年利润总额分组（2013 年）

CAS and Its Institution Invested Enterprises, by Annual Profit: 2013

单位：万元　　(ten thousand yuan)

	合计 Total	0 以下	0～ <100	100～ <500	500～ <1000	1000～ <5000	5000～ <10000	>10000
企业数（个） Number of enterprises	477	189	141	68	20	35	8	16
(%)	100	39.62	29.56	14.26	4.19	7.34	1.68	3.35
利润总额 Total profit	1208949	-96037	3406	16191	15028	83407	52202	1134752
(%)	100	-7.94	0.28	1.34	1.24	6.90	4.32	93.86

10-5 营业收入排序前 30 名的院、所投资企业（2013 年）

Top 30 CAS and Its Institution Invested Enterprises in Business Income: 2013

单位：万元 (ten thousand yuan)

序号 No.	企业名称 Name of enterprises	营业收入 Operating income
1	联想控股有限公司 Legend Holdings Ltd.	24403077
2	中科实业集团（控股）有限公司 China Sciences Group Co.,Ltd.	447373
3	时代出版传媒股份有限公司 Time Publishing & Media Co.,Ltd.	432407
4	中科软科技股份有限公司 Sinosoft Co., Ltd.	267965
5	成都地奥制药集团有限公司 Chengdu Di'ao Pharmaceutical Corporation, CAS	203786
6	东方科学仪器进出口集团有限公司 Oriental Scientific Instrument Import & Export Group Corporation	201910
7	曙光信息产业有限公司 Dawning Information Industrialigation Co., Ltd.	199966
8	中科英华高技术股份有限公司 Zhongke Yinghua High-tech Co., Ltd.	197299
9	上海思富医药有限公司 Shanghai Siful Medicune Co., Ltd.	178375
10	上海杰事杰新材料（集团）股份有限公司 Shanghai GENIUS Advanced Material Co., Ltd.	170421
11	青岛金王应用化学股份有限公司 QingDao Kingking Applied Chemistry Co.,Ltd.	145400
12	中国科技出版传媒集团有限公司 China Science Publishing & Media Group Ltd.	144899
13	沈阳新松机器人自动化股份有限公司 SIASUN Robot&Automation Co.,Ltd.	133542
14	安徽科大讯飞信息科技股份有限公司 Anhui Ustc Iflytek Co., Ltd.	125371
15	江西金佳谷物股份有限公司 Jiangxi Jinjia Grains Co., Ltd.	114148
16	北京科诺伟业科技有限公司 BeiJing CORONA Technology Co.， Ltd.	111888
17	中科合成油技术有限公司 Synfuels China Co.， Ltd.	93959
18	上海绿谷制药有限公司 Shanghai Green Valley Pharmaceutical Co., Ltd	81281
19	北京中科资源有限公司 Beijing Zhongke Resource Co., Ltd.	65008
20	甘肃海林中科科技股份有限公司 Gansu Hailing CAS S&T Holding Co., Ltd.	54521
21	云南绿大地生物科技股份有限公司 Yunnan Green Land Biological S&T Holding Ltd.	44467
22	中国科学院国有资产经营有限责任公司 CAS Holdings Co., Ltd.	41796

续表 10-5

序号 No.	企业名称 Name of enterprises	营业收入 Operating income
23	包头东宝生物技术股份有限公司 Baotou Dongbao Bio-Tech Co.,Ltd.	38211
24	邯郸汉光科技股份有限公司 HG Technologies Co., Ltd.	38052
25	上海新傲科技有限公司 Shanghai Simgui Technology Co., Ltd.	38025
26	北京中科科仪股份有限公司 KYKY Technology Co., Ltd.	33001
27	北京超图软件股份有限公司 SuperMap Software Co., Ltd.	31290
28	深圳市金科特种材料股份有限公司 Shenzhen Jinke Special Materials Co., Ltd.	30785
29	北京中科行发投资控股有限公司 Beijing Zhongke Xingfa Investment Holding Co., Ltd.	29982
30	长春奥普光电技术股份有限公司 Changchun Aopu Opto-electronic Technology Co., Ltd.	29544

注：“合并”指合并会计报表，又称合并财务报表，即以母公司和子公司组成的企业集团为一会计主体，以母公司和子公司单独编制的个别会计报表为基础，由母公司编制的综合反映由母公司与子公司组成的企业集团经营成果、财务状况及其变动情况的会计报表。

Note: “Merged” refers to the merged statement of accounting or merged financial statement. It means the combined accounting statement of a group company consisting of parent company and subordinate companies, on the basis of the independent accounting statement of both the parent company and the subordinate companies. The merged accounting statement made by parent company indicates group company operating resuls, financial status and its changes of both the parent company and subordinate companies.

10-6 利润总额排序前 30 名的院、所投资企业（2013 年）

Top 30 CAS and Its Institution Invested Enterprises in Total Profit: 2013

单位：万元　　　　(ten thousand yuan)

序号 No.	企业名称 Name of enterprises	利润总额 Total profit
1	联想控股有限公司 Legend Holdings Ltd.	742830
2	中科实业集团（控股）有限公司 China Sciences Group Co.,Ltd.	56792
3	时代出版传媒股份有限公司 Time Publishing & Media Co., Ltd.	35579
4	中国科学院国有资产经营有限责任公司 CAS Holding Co., Ltd.	33192
5	安徽科大讯飞信息科技股份有限公司 Anhui USTC iFLYTEK Co., Ltd.	32058
6	中科合成油技术有限公司 Synfuels China Co.，Ltd.	31878
7	沈阳新松机器人自动化股份有限公司 SIASUN Robot&Automation Co., Ltd.	30152
8	上海联创永宣创业投资管理有限公司 Shanghai New Margin Venture Capital Management Co., Ltd.	29814
9	上海绿谷制药有限公司 Shanghai Green Valley Pharmaceutical Co., Ltd.	26963
10	上海联创创业投资有限公司 Shanghai NewMargin Venture Capital Co., Ltd.	24489
11	中国科技出版传媒集团有限公司 China Science Publishing & Media Group Ltd.	20274
12	新兴能源科技有限公司 SYN Energy Technology Co., Ltd	19044
13	成都地奥制药集团有限公司 Chengdu Di'ao Pharmaceutical Corporation, CAS	14803
14	中科软科技股份有限公司 Sinosoft Co., Ltd.	14534
15	东方科学仪器进出口集团有限公司 Oriental Scientific Instrument Import & Export Group Corporation	11669
16	曙光信息产业有限公司 Dawning Information Industrialigation Co., Ltd.	10681
17	中科大资产经营有限责任公司 USTC Holdings Co., Ltd.	9064
18	长春奥普光电技术股份有限公司 Changchun Aopu Opto-electronic Technology Co., Ltd.	8755
19	青岛金王应用化学股份有限公司 QingDao Kingking Applied Chemistry Co., Ltd.	6241

续表 10-6

序号 No.	企业名称 Name of enterprises	利润总额 Total profit
20	北京超图软件股份有限公司 SuperMap Software Co., Ltd.	6216
21	上海杰事杰新材料（集团）股份有限公司 Shanghai GENIUS Advanced Material Co., Ltd.	6089
22	上海思富医药有限公司 Shanghai SiFu Medicine Co., Ltd.	5394
23	北京科诺伟业科技有限公司 BeiJing CORONA Technology Co.，Ltd.	5321
24	包头东宝生物技术股份有限公司 Baotou Dongbao Bio-Tech Co.,Ltd.	5122
25	福建福晶科技股份有限公司 Fujian Castech Crystals Inc.	4803
26	科大国创软件股份有限公司 USTC Sinovate Software Co.,Ltd.	4715
27	北京绿创声学工程股份有限公司 Beijing Greentec Acoustic Engineering Holding Co.，Ltd.	4336
28	南京中科集团股份有限公司 NanJing ZhongKe Group Co., Ltd.	4330
29	邯郸汉光科技股份有限公司 HG Technologies Co., Ltd.	4328
30	北京中科科仪股份有限公司 KYKY Technology Co., Ltd.	4215

10-7 院、所投资企业经营情况按行业分类（2013 年）
Statistics of Business Operation of CAS and Its Institution Invested Enterprises, by Sector: 2013

行业 Industry	企业数（个） Number of enterprises	营业收入（万元） Operating income (ten thousand yuan)	利润总额（万元） Annual profit (ten thousand yuan)
合计 Total	**477**	**29342342**	**1208949**
采矿业 Mining	1	16429	192
房地产业 Real estate	1	250	13
卫生和社会工作 Health and social work	2	1250	-739
建筑业 Construction	10	40608	1182
教育 Education	1	5	-10
居民服务、修理和其他服务业 Residential service，repair and other services	44	493308	60598
科学研究和技术服务业 Science research and technical services	95	230484	37515
农、林、牧、渔业 Agriculture, forestry, animal husbandry and fishery	19	180921	-5883
批发和零售业 Whole sale and retail	6	73254	4255
水利、环境和公共设施管理业 Water conservancy, environment and public facility management	7	16297	3530
金融业 Finance	4	2985	54414
文化、体育和娱乐业 Culture, sports and recreation industry	13	590088	56944
信息传输、软件和信息技术服务业 Information, software and Information technology services	59	658026	37813
制造业 Manufacturing	189	26589199	913237
住宿和餐饮业 Lodging and food service	7	4191	-93
租赁和商务服务业 Leasing industry and business services	12	253242	45451
交通运输、仓储和邮政业 Transportation, warehousing and post	4	183474	4701
电力、燃气及水的生产和供应业 Power, gas & water production and supply industry	3	8330	-4170

主要统计指标解释

1. 院、所投资企业

中国科学院及其所属各单位投资的全资、控股和参股企业。

2. 在职职工总数

在职职工总数包括固定合同制职工、聘用人员和临时工。

3. 少数股东权益

指集团公司的子公司所有者权益中不属于母公司的份额，在合并会计报表中用“少数股东权益”表示。

4. 所有者权益

所有者权益为资产总额扣除负债总额和少数股东权益后的余额。

5. 上缴税金总额

上缴税金总额包括增值税、营业税金及附加、所得税及其他税金的总和。

6. 营业收入

营业收入是指企业在生产经营活动中，由销售产品和商品、进行技术服务、提供劳务等取得的收入。

7. 利润总额

利润总额包括营业利润、投资净收益及营业外收支净额，为所得税前利润。

营业利润是指营业收入扣减成本、各种费用、流转税及附加税费的数额。

投资净收益是指投资收益扣除投资损失后的数额。

营业外收支净额为营业外收入减去营业外支出后的数额。

8. 利税总额

利税总额是税后净利润与全部上缴税金之和。

Explanatory Notes on Key Indicators

1. CAS and its institution invested enterprises

This refers to the wholly owned enterprises, holding companies and share holding companies invested by CAS and its institutions.

2. Total number of staff at work

This includes permanent and contract staff, invited engaged staff and temporary staff.

3. Minority interests

This refers to the share of the total owner's equity of the subordinate company in a group company which does not belong to the parent company. It is indicated as "Minority interests" on the merged statement of the group company accounting.

4. Total owner's equity

This refers to the total value of the assets in an enterprise after deducting all debts and minority shareholders' interests.

5. Total tax

This includes value added tax, business tax, surtax, income tax and other taxes.

6. Operating income

This refers to the income obtained by the enterprises in their production and business activities such as product sales, commodity sales, technical service and labor service.

7. Total profit

This refers to profit before income tax, including operation profit, net income from investment and non-operating profit. Operating profit refers to net income after deduction of cost, various expenditure, indirect tax and surtax. Net income from investment refers to investment income after deducting investment losses, and non-operating profit refers to non-operating income after deducting non-operating expenses.

8. Total profit from interest and tax

Total profit from benefits and tax refers to the net benefits plus total tax of enterprises.

十一、科技成果转移转化项目

TRANSFER AND TRANSFORMATION OF SCI-TECH ACHIEVEMENTS

11-1　科技成果转移转化项目总体情况
General Statistics of Transfer and Transformation of Sci-tech Achievement

年份 Year	项目数（项） Number of projects (item)	销售收入（万元） Sales income (ten thousand yuan)	利税总额（万元） Total profits and taxes (ten thousand yuan)
2001	858	1611200	351700
2002	1415	2430975	500720
2003	3002	3124331	594917
2004	2979	3589498	676499
2005	2434	4142053	759678
2006	2522	5123678	751205
2007	3415	6233741	1018048
2008	3867	9642015	1347276
2009	5108	14035242	2165263
2010	6796	20494943	3367632
2011	7012	26288144	4137872
2012	8551	30272998	4783736
2013	9907	31057911	4258326

注：1. 第 11 部分表中的项目数指：自 1996 年以来中国科学院院属单位通过科技成果转化到地方企业并正在实施的合作项目的数量。

Note: The project index in section 11 refers to the data of cooperative projects transferred by CAS institutions, since 1996, to the local enterprises, and being implemented in the current years.

2. 第 11 部分表中的销售收入及利税总额指：自 1996 年以来中国科学院院属单位通过科技成果转移转化在地方企业当年产生的销售收入及利税总额。

The sales income and profits & taxes in section 11 refer to the total sales income and profits taxes generated by the projects transferred by CAS institutions, since 1996, to the local enterprises.

11-2　科技成果转移转化项目按销售收入分组（2013 年）
Transfer and Transformation of Sci-tech Achievement, by Sales Income: 2013

	合计 Total	1 亿元以下 Under 100 million Yuan	1 亿～5 亿元 100～500 million Yuan	5 亿～10 亿元 500 million～1 billion Yuan	10 亿元以上 Over 1 billion Yuan
项目数（项） Number of projects (item)	9907	9332	472	68	35
(%)	100	94.2	4.8	0.7	0.3
销售收入（亿元） Sales income (ten thousand yuan)	3106	933	1009	461	703
(%)	100	30	32.5	14.9	22.6

11-3 科技成果转移转化项目按分院情况（2013 年）

Transfer and Transformation of Sci-tech Achievement, by Branches: 2013

分院及地区 Branch and region	项目数(项) Number of projects (item)	销售收入(万元) Sales income (ten thousand yuan)	利税总额(万元) Total profits and taxes (ten thousand yuan)
总计 Total	**9907**	**31057911**	**4258364**
北京分院（筹） Beijing Branch	1944	3357448	306298
沈阳分院 Shenyang Branch	1299	2475328	313754
长春分院 Changchun Branch	521	1237349	166886
上海分院 Shanghai Branch	1456	4246073	781184
南京分院 Nanjing Branch	1416	8063067	1161360
合肥物质科学研究院 Hefei Institutes of Physical Sciences	809	2539172	320463
武汉分院 Wuhan Branch	319	1268257	175516
广州分院 Guangzhou Branch	883	4355000	463500
成都分院 Chengdu Branch	662	1271367	190360
昆明分院 Kunming Branch	155	371481	78308
西安分院 Xi’an Branch	225	1045505	139543
兰州分院 Lanzhou Branch	144	449427	48738
新疆分院 Xinjiang Branch	74	378437	112454

注：为充分发挥分院在科技成果转移转化中的作用，将全国 32 个省、直辖市、自治区（除港、澳、台外）按分院进行了工作区域的划分，北京分院(筹)：北京市、天津市、河北省、山西省、内蒙古自治区；沈阳分院：辽宁省、山东省；长春分院：吉林省、黑龙江省；上海分院：上海市、浙江省、福建省；南京分院：江苏省、江西省；合肥物质科学研究院：安徽省、河南省；武汉分院：湖北省、湖南省；广州分院：广东省、广西壮族自治区、海南省；成都分院：四川省、重庆市、西藏自治区；昆明分院：云南省、贵州省；西安分院：陕西省、宁夏回族自治区；兰州分院：甘肃省、青海省；新疆分院：新疆维吾尔自治区。

Note: In order to bring CAS Branches into full play in the cooperation between CAS and local governments and enterprises, CAS has put this responsibility on each of its Branches covering the nation’s 32 provinces, municipalities and autonomous regions except Hong Kong, Macao, and Taiwan Regions. The main responsible areas for eath Branch are derided as followings: Beijing Area is responsible for Beijing, Tianjin, Hebei Province, Shanxi Province, Inner Mongolian Autonomous Region; Shenyang Branch for Liaoning Province, Shandong Province; Changchun Branch for Jilin Province, Heilongjiang Province; Shanghai Branch for Shanghai, Zhejiang Province, Fujian Province; Nanjing Branch for Jiangsu Province, Jiangxi Province; Hefei Institutes of physical Sciences for Anhui Province, Henan Province; Wuhan Branch for Hubei Province, Hunan Province; Guangdong Branch for Guangzhou Province, Guangxi Zhuang Autonomous Region, Hainan Province; Chengdu Branch for Sichuan Province, Chongqing, Tibet Autonomous Region; Kunming Branch for Yunnan Province, Guizhou Province; Xi'an Branch for Shaanxi Province, Ningxia Hui Autonomous Region; Lanzhou Branch for Gansu Province, Qinghai Province; Xinjiang Branch for Xinjiang Uygur Autonomous Region.

11-4 科技成果转移转化项目销售收入排序前15名的单位（2013年）

Institutions with Sales Income Surpassing One Billion RMB Generated from Transfer and Transformation of Sci-tech Achievement: 2013

单位名称 Names of institutes	项目数（项） Number of projects (item)	销售收入（万元） Sales income (ten thousand yuan)	利税总额（万元） Total profits and taxes (ten thousand yuan)
过程工程研究所 Inst. of Process Engineering	625	2073952	348277
大连化学物理研究所 Dalian Inst. of Chemical Physics	621	1881727	309196
中国科学技术大学 University of Science and Technology of China	770	1302004	195766
金属研究所 Inst. of Metal Research	949	1178714	167973
自动化研究所 Inst. of Automation	106	1078583	50156
深圳先进技术研究院 Shenzhen Institutes of Advanced Technology	162	1032777	125182
天津工业生物技术研究所 Tianjin Inst. of Industrial Biotechnology	33	981048	72609
兰州化学物理研究所 Lanzhou Inst. of Chemical Physics	189	919451	115405
长春应用化学研究所 Changchun Inst. of Applied Chemistry	315	911548	124884
海洋研究所 Inst. of Oceanology	123	852174	146135
沈阳自动化研究所 Shenyang Inst. of Automation	392	803723	117842
化学研究所 Inst. of Chemistry	135	751894	107716
合肥物质科学研究院 Hefei Institutes of Physical Sciences	292	722460	91129
工程热物理研究所 Inst. of Engineering Thermophysics	60	683357	103346
理化技术研究所 Technical Inst. of Physics and Chemistry	271	629080	94555

十二、国际合作、港澳台地区交流

INTERNATIONAL COOPERATION，AND EXCHANGES WITH HONG KONG, MACAO AND TAIWAN REGIONS

12-1 国际合作、港澳台地区交流情况

International Cooperation, and Exchanges with Hong Kong, Macao and Taiwan Regions

单位：人次 (person •time)

年份 Year	派出 CAS staff sent overseas	邀请 Visitors hosted by CAS	年份 Year	派出 CAS staff sent overseas	邀请 Visitors hosted by CAS
1950	16		1989	4077	2097
1951	11		1990	4456	2184
1952	5		1991	4459	2544
1953	53		1992	4164	2425
1954	45	3	1993	4378	2719
1955	84	84	1994	4319	1835
1956	226	204	1995	4484	2554
1957	133	248	1996	5432	2018
1958	159	345	1997	5247	2990
1959	103	302	1998	5035	2861
1960	119	192	1999	7237	2895
1961	75	27	2000	6622	2929
			2001	7304	8576
1976	147	200	2002	8460	7987
1977	217	322	2003	7370	6730
1978	587	571	2004	7638	11646
1979	784	1074	2005	8153	13421
1980	950	1760	2006	8922	17481
1981	1119	1211	2007	10058	17209
1982	1322	992	2008	8638	16480
1983	1222	1798	2009	10447	17668
1984	1827	1845	2010	11972	18814
1985	1713	3197	2011	13878	17624
1986	1310	3770	2012	17116	14132
1987	2216	2558	2013	18937	16561
1988	3344	3518			

注：2002 年的邀请统计中包含了顺访外宾人次。

Note: The statistics of invited visitors in 2002 include the number of short visits.

12-2 国际合作、港澳台地区交流邀请项目按类型分类（2013 年）

Statistics of Visitors Hosted by CAS, by Type of Exchange: 2013

单位：人次 (person •time)

国家与地区 Country and region	按交流形式分类统计 By type of exchange						
	小计 Subtotal	考察访问 Academic visit	合作研究 Joint research	国际会议和海峡两岸会议 International conferences and sides of the strait meeting	培训 Training	科技展览 S&T exhibition	其他 Others
合计 Total	**16561**	**4790**	**4126**	**6897**	**356**	**69**	**323**
亚洲 Asia	3305	853	834	1424	166	12	16
阿富汗 Afghanistan	3			2	1		
阿拉伯联合酋长国 United Arab Emirates	7	2		5			
阿曼 Oman	1			1			
阿塞拜疆 Azerbaijan	3			3			
巴基斯坦 Pakistan	163	31	50	64	18		
巴勒斯坦 Palestine	21	19		1	1		
巴林 Bahrain	3			3			
不丹 Bhutan	3			3			
朝鲜 PDRK	19	6	10		2		1
菲律宾 Philippines	31	7	5	15	4		
格鲁吉亚 Georgia	4			4			
哈萨克斯坦 Kazakhstan	15	3	5	3	4		
韩国 Korea	474	128	119	219	6	2	
吉尔吉斯斯坦 Kyrgyzstan	15		1	10	4		
柬埔寨 Cambodia	12	3		5	4		
卡塔尔 Qatar	1			1			
黎巴嫩 Lebanon	5	1	2	1	1		

续表 12-2

国家与地区 Country and region	按交流形式分类统计 By type of exchange						
	小计 Subtotal	考察访问 Academic visit	合作研究 Joint research	国际会议和海峡两岸会议 International conferences and sides of the strait meeting	培训 Training	科技展览 S&T exhibition	其他 Others
老挝 Laos	20	4	10	2	4		
马来西亚 Malaysia	72	31	4	29	8		
蒙古 Mongolia	20	2		2	16		
孟加拉国 Bangladesh	40	8	7	22	3		
缅甸 Union Of Myanmar	23	3	10	4	6		
尼泊尔 Nepal	92	33	11	35	13		
日本 Japan	1223	324	350	534	4	7	4
沙特阿拉伯 Saudi Arabia	14	2		10	2		
斯里兰卡 Sri Lanka	32	3	10	14	5		
塔吉克斯坦 Tadzhikistan	19	11	2	2	4		
泰国 Thailand	143	48	47	40	8		
土耳其 Turkey	47	14	12	21			
乌兹别克斯坦 Uzbekistan	34	9	11	10	4		
新加坡 Singapore	133	45	24	52		1	11
叙利亚 Syrian	3			3			
亚美尼亚 Armenia	12	2		10			
伊拉克 Iraq	6	3	2	1			
伊朗 Iran	53	5	16	29	3		
以色列 Israel	108	28	50	26	2	2	
印度 India	290	54	43	177	16		
印度尼西亚 Indonesia	77	7	16	41	13		
约旦 Jordan	4			4			

国家与地区 Country and region	按交流形式分类统计 By type of exchange						
	小计 Subtotal	考察访问 Academic visit	合作研究 Joint research	国际会议和海峡两岸会议 International conferences and sides of the strait meeting	培训 Training	科技展览 S&T exhibition	其他 Others
越南 Vietnam	42	10	9	13	10		
亚洲其他国家 Others in Asia	18	7	8	3			
欧洲 Europe	6176	1630	1632	2762	57	38	57
阿尔巴尼亚 Albania	8	2		6			
爱尔兰 Ireland	45	13	18	14			
爱沙尼亚 Estonia	7		1	6			
奥地利 Austria	66	15	16	34	1		
白俄罗斯 Belarus	13	4	8	1			
保加利亚 Bulgaria	13	3	4	6			
比利时 Belgium	132	11	40	78	2	1	
冰岛 Iceland	7	2	3	2			
波兰 Poland	78	7	21	49	1		
丹麦 Denmark	141	38	69	32	2		
德国 Germany	1292	284	346	618	16	18	10
俄罗斯 Russia	483	49	182	247	4	1	
法国 France	822	228	233	329	6	8	18
芬兰 Finland	67	23	20	24			
荷兰 Netherlands	368	149	115	94	5	1	4
黑山 Montenegro	1			1			
捷克 Czech	89	6	16	65	1	1	
克罗地亚 Croatia	5		3	2			
拉脱维亚 Latvia	2			2			

续表 12-2

国家与地区 Country and region	按交流形式分类统计 By type of exchange						
	小计 Subtotal	考察访问 Academic visit	合作研究 Joint research	国际会议和海峡两岸会议 International conferences and sides of the strait meeting	培训 Training	科技展览 S&T exhibition	其他 Others
立陶宛 Lithuania	10		1	8		1	
罗马尼亚 Romania	32	4	12	16			
卢森堡 Luxembourg	5		1	4			
摩尔多瓦 Moldova	3			3			
摩纳哥 Monaco	3			3			
挪威 Norway	52	14	13	23		2	
葡萄牙 Portugal	44	13	16	14	1		
瑞典 Sweden	141	43	31	64	2	1	
瑞士 Switzerland	412	143	45	223	1		
塞尔维亚 Serbia	19	4	11	4			
塞浦路斯 Cyprus	3		1	2			
斯洛伐克 Slovak	11	2	1	6			2
斯洛文尼亚 Slovenia	19	5	6	7			1
乌克兰 Ukraine	77	16	28	30			3
西班牙 Spain	168	20	26	118			4
希腊 Greece	33	8	3	22			
匈牙利 Hungary	16		8	8			
意大利 Italy	491	109	136	235	9	1	1
英国 England	998	415	198	362	6	3	14
非洲 Africa	342	71	56	178	36		1
阿尔及利亚 Algeria	21	12	2	7			
埃及 Egypt	28	5	9	10	4		

国家与地区 Country and region	按交流形式分类统计 By type of exchange						
	小计 Subtotal	考察访问 Academic visit	合作研究 Joint research	国际会议和海峡两岸会议 International conferences and sides of the strait meeting	培训 Training	科技展览 S&T exhibition	其他 Others
埃塞俄比亚 Ethiopia	8	2		5	1		
安哥拉 Angola	1			1			
贝宁 Benin	5		1	3	1		
布基纳法索 Burkina Faso	4			1	3		
布隆迪 Burundi	2	1		1			
多哥 Togo	3	1		2			
厄立特里亚 Eritrea	1				1		
冈比亚 Gambia	2			2			
刚果（布） The Republic of Congo	5	1		3	1		
刚果（金） Democratic Republic of the Congo	1			1			
加纳 Ghana	9			8	1		
加蓬 Gabonese	6			6			
津巴布韦 Zimbabwe	2		1	1			
喀麦隆 Cameroon	9		3	5	1		
科摩罗 Comoros	1			1			
科特迪瓦 Ivory Coast	2			2			
肯尼亚 Kenya	36	11	3	20	2		
莱索托 Lesotho	1				1		
利比里亚 Liberia	2	2					
利比亚 Libya	1			1			
卢旺达 Rwanda	3	2		1			

续表 12-2

国家与地区 Country and region	按交流形式分类统计 By type of exchange						
	小计 Subtotal	考察访问 Academic visit	合作研究 Joint research	国际会议和海峡两岸会议 International conferences and sides of the strait meeting	培训 Training	科技展览 S&T exhibition	其他 Others
马达加斯加 Madagascar	8	7		1			
马拉维 Malawi	2			2			
马里 Mali	3	1		2			
毛里求斯 Mauritius	3			2	1		
毛里塔尼亚 Mauritania	6			6			
摩洛哥 Morocco	5		1	3	1		
莫桑比克 Mozambique	2	1			1		
纳米比亚 Namibia	4			4			
南非 South Africa	47	9	10	28			
尼日尔 Niger	1			1			
尼日利亚 Nigeria	56	6	21	23	5		1
塞内加尔 Senegal	10	1		9			
塞舌尔 Seychelles	1			1			
苏丹 Sudan	3	1		1	1		
坦桑尼亚 Tanzania	13	4	2	4	3		
突尼斯 Tunisia	12	4	3	2	3		
乌干达 Uganda	8			5	3		
赞比亚 Zambia	4			2	2		
乍得 Chad	1			1			
北美洲 North America	4794	1515	1201	1877	80	18	103
巴巴多斯 Barbados	1			1			
巴拿马 Panama	1			1			

续表 12-2

国家与地区 Country and region	按交流形式分类统计 By type of exchange						
	小计 Subtotal	考察访问 Academic visit	合作研究 Joint research	国际会议和海峡两岸会议 International conferences and sides of the strait meeting	培训 Training	科技展览 S&T exhibition	其他 Others
哥斯达黎加 Costarica	6		1	5			
古巴 Cuba	16	3	6	7			
加拿大 Canada	493	153	134	189	7	3	7
马绍尔 Marshall Island	2			2			
美国 USA	4235	1359	1054	1639	72	15	96
墨西哥 Mexico	30		5	24	1		
尼加拉瓜 Nicaragua	2			2			
特立尼达和多巴哥 Trinidad and Tobago	3			3			
牙买加 Jamaica	5		1	4			
南美洲 South America	186	37	18	120	11		
阿根廷 Argentina	43	2	4	37			
巴西 Brazil	85	23	9	51	2		
玻利维亚 Bolivia	2			2			
厄瓜多尔 Ecuador	2			2			
哥伦比亚 Colombia	15	3	1	6	5		
秘鲁 The Republic of Peru	16	4		8	4		
委内瑞拉 Venezuela	3	2		1			
乌拉圭 Uruguay	6		1	5			
智利 Chile	14	3	3	8			
大洋洲 Oceania	768	223	175	361	5		4

续表 12-2

国家与地区 Country and region	按交流形式分类统计 By type of exchange						
	小计 Subtotal	考察访问 Academic visit	合作研究 Joint research	国际会议和海峡两岸会议 International conferences and sides of the strait meeting	培训 Training	科技展览 S&T exhibition	其他 Others
澳大利亚 Australia	658	208	162	281	4		3
巴布亚新几内亚 Papua New Guinea	6	2		3	1		
斐济 FiJi Islands	4			4			
汤加 Tonga	1			1			
新喀里多尼亚 New Caledonia	1			1			
新西兰 New Zealand	98	13	13	71			1
北极 North Pole	10	10					
港澳台地区 Hong Kong, Macao and Taiwan Regions	973	445	209	175	1	1	142
澳门 Macao	7	5	2				
香港 Hong Kong	324	126	124	67	1	1	5
台湾 Taiwan	642	314	83	108			137
联合国及所属机构和其他国际组织 Others in UN System	4	4					
国别不详 Country Unknown	3	2	1				

12-3 国际合作、港澳台地区交流派出项目按类型分类（2013 年）

Statistics of CAS Staff Sent Overseas, by Type of Exchange: 2013

单位：人次 (person · time)

国家与地区 Country and region	按交流形式分类统计 By type of exchange						
	小计 Subtotal	考察访问 Academic visit	合作研究 Joint research	国际会议和海峡两岸会议 International conferences and sides of the strait meeting	培训 Training	科技展览 S&T exhibition	其他 Others
合计 Total	**18937**	**2391**	**4084**	**11534**	**611**	**2**	**315**
亚洲 Asia	4169	639	977	2429	103		21
阿拉伯联合酋长国 United Arab Emirates	23	6		17			
巴基斯坦 Pakistan	67	4	39	24			
朝鲜 PDRK	17	3	14				
菲律宾 Philippines	30	5	8	17			
格鲁吉亚 Georgia	2			2			
哈萨克斯坦 Kazakhstan	76	30	39	7			
韩国 Korea	783	27	91	629	31		5
吉尔吉斯斯坦 Kyrgyzstan	46	19	27				
柬埔寨 Cambodia	30	8	9	11	2		
卡塔尔 Qatar	6			6			
老挝 Laos	53	38	13	2			
黎巴嫩 Lebanon	5			5			
马来西亚 Malaysia	59	8	1	43	1		6
蒙古 Mongolia	45	11	12	16	6		
孟加拉国 Bangladesh	1			1			
缅甸 Myanmar	35	18	16	1			
尼泊尔 Nepal	92	38	20	34			

续表 12-3

国家与地区 Country and region	按交流形式分类统计 By type of exchange						
	小计 Subtotal	考察访问 Academic visit	合作研究 Joint research	国际会议和海峡两岸会议 International conferences and sides of the strait meeting	培训 Training	科技展览 S&T exhibition	其他 Others
日本 Japan	1428	102	425	860	34		7
沙特阿拉伯 Saudi Arabia	28	16	4	8			
斯里兰卡 Sri Lanka	189	179	6	2	2		
塔吉克斯坦 Tajikistan	30	9	21				
泰国 Tailand	193	36	49	106	2		
土耳其 Turkey	89	3	2	75	6		3
文莱 Brunei	13		10	3			
乌兹别克斯坦 Uzbekistan	59	6	40	1	12		
新加坡 Singapore	367	23	28	314	2		
亚美尼亚 Armenia	1			1			
伊朗 Iran	68	15	40	13			
以色列 Israel	47	4	25	15	3		
印度 India	93	2	8	82	1		
印度尼西亚 Indonesia	99	8	12	78	1		
约旦 Jordan	4		1	3			
越南 Vietnam	91	21	17	53			
欧洲 Europe	6316	715	1663	3443	290		205
爱尔兰 Ireland	17		3	14			
爱沙尼亚 Estonia	3			3			
奥地利 Austria	229	15	22	187	4		1
白俄罗斯 Belarus	14		13	1			
保加利亚 Bulgaria	27		7	20			
比利时 Belgium	112	16	28	67			1

续表 12-3

国家与地区 Country and region	按交流形式分类统计 By type of exchange						
	小计 Subtotal	考察访问 Academic visit	合作研究 Joint research	国际会议和海峡两岸会议 International conferences and sides of the strait meeting	培训 Training	科技展览 S&T exhibition	其他 Others
冰岛 Iceland	4	1		3			
波兰 Poland	93	1	14	78			
丹麦 Denmark	118	33	38	32	3		12
德国 Germany	1392	211	412	587	97		85
俄罗斯 Russia	409	73	131	189	15		1
法国 France	804	60	219	435	49		41
芬兰 Finland	115	14	40	56	5		
荷兰 Netherlands	246	36	55	136	5		14
黑山 Montenegro	1			1			
捷克 Czech	87	11	15	55	1		5
克罗地亚 Croatia	16	3	5	8			
罗马尼亚 Roumania	15	1		13			1
卢森堡 Luxembourg	1			1			
马耳他 Malta	1			1			
摩纳哥 Monaco	3			3			
挪威 Norway	6	2	3	1			
葡萄牙 Portugal	78	2	13	63			
瑞典 Sweden	176	27	57	91			1
瑞士 Switzerland	451	56	167	200	20		8
塞尔维亚 Serbia	4		3	1			
塞浦路斯 Cyprus	2			2			
斯洛伐克 Slovak	17	6	6	5			
斯洛文尼亚 Slovenia	15	2	5	3			5

国家与地区 Country and region	按交流形式分类统计 By type of exchange						
	小计 Subtotal	考察访问 Academic visit	合作研究 Joint research	国际会议和海峡两岸会议 International conferences and sides of the strait meeting	培训 Training	科技展览 S&T exhibition	其他 Others
乌克兰 Ukraine	109		102	7			
西班牙 Spain	301	3	27	262	4		5
希腊 Greece	82		5	76	1		
匈牙利 Hungary	36	1	6	27	1		1
意大利 Italy	555	41	86	408	16		4
英国 England	777	100	181	407	69		20
非洲 Africa	300	82	45	166	6		1
埃及 Egypt	11	1	5	4			1
埃塞俄比亚 Ethiopia	2			2			
布隆迪 The Republic of Burundi	6	3	3				
加纳 Ghana	3	1		2			
加蓬 Gabonese	6			6			
津巴布韦 Republic of Zimbabwe	7			7			
喀麦隆 Cameroon	2	2					
肯尼亚 Kenya	76	22	22	31	1		
留尼汪 Reunion Island	1				1		
卢旺达 Rwanda	18	14			4		
毛里求斯 Mauritius	8			8			
毛里塔尼亚 Mauritania	4		4				
摩洛哥 Morocco	33	5	2	26			
纳米比亚 Namibia	2			2			
南非 S.Africa	80	7	3	70			

续表 12-3

国家与地区 Country and region	按交流形式分类统计 By type of exchange						
	小计 Subtotal	考察访问 Academic visit	合作研究 Joint research	国际会议和海峡两岸会议 International conferences and sides of the strait meeting	培训 Training	科技展览 S&T exhibition	其他 Others
坦桑尼亚 Tanzania	33	26	3	4			
突尼斯 Tunisia	2			2			
乌干达 Uganda	2			2			
赞比亚 Zambia	4	1	3				
北美洲 North America	5308	499	1001	3592	151		65
巴巴多斯 Barbados	1			1			
巴哈马联邦 The Commonwealth of The Bahamas	7			7			
哥斯达黎加 Costarica	19		6	13			
古巴 Cuba	8	2		6			
多米尼加 Dominican	1			1			
加拿大 Canada	524	99	94	315	2		14
美国 USA	4667	393	892	3183	148		51
墨西哥 Mexico	68	1	3	64			
圣卢西亚 Saint Lucia	2			2			
波多黎各 Puerto Rico	11	4	6		1		
南美洲 South America	304	67	53	183			1
阿根廷 Argentina	60	12	7	40			1
巴西 Brazil	136	17	18	101			
厄瓜多尔 Ecuado	5	5					
哥伦比亚 Colombia	12	1	6	5			
秘鲁 Peru	27	10	14	3			
智利 Chile	64	22	8	34			

续表 12-3

国家与地区 Country and region	按交流形式分类统计 By type of exchange						
	小计 Subtotal	考察访问 Academic visit	合作研究 Joint research	国际会议和海峡两岸会议 International conferences and sides of the strait meeting	培训 Training	科技展览 S&T exhibition	其他 Others
大洋洲 Oceania	808	68	178	525	30		7
澳大利亚 Australia	728	62	166	466	30		4
巴布亚新几内亚 Papua New Guinea	1	1					
斐济 FiJi	1			1			
新西兰 New Zealand	78	5	12	58			3
南极洲 South Pole	14	11	3				
北极洲 North Pole	6	5	1				
港澳台地区 Hong Kong, Macao and Taiwan regions	1690	301	145	1196	31	2	15
澳门 Macao	131	22	38	62	6	2	1
香港 Hong Kong	612	87	99	387	25		14
台湾 Taiwan	947	192	8	747			
国别不详 Country Unknown	22	4	18				

12-4 在国际组织任职人员情况（2013 年）

Statistics of CAS Professionals Holding Posts in Various International Organizations (2013)

	人数 Person
一、在国际组织任职人员分布情况 International organizations in which CAS professionals hold posts	671
发展中国家科学院 The Academy of Sciences for the Developing World (TWAS)	183
国际天文学联盟 International Astronomical Union (IAU)	5
国际山地综合开发中心 International Center for Integrated Mountain Development (ICIMOD)	2
联合国教科文组织 United Nations Educational, Scientific and Cultural Organization (UNESCO)	4
国际自然与自然资源保护联盟 International Union for Conservation of Natural Resources (IUCN)	10
国际纯粹与应用化学联盟 International Union of Pure and Applied Chemistry (IUPAC)	5
国际纯粹与应用物理学联盟 International Union of Pure and Applied Physics (IUPAP)	6
国际地圈生物圈计划 The International Geosphere Biosphere Program (IGBP)	6
国际科学理事会 International Council for Science(ICS)	3
国际第四纪研究联盟 International Union for Quaternary Research (INQUA)	3
国际科学院委员会 Interacademy Council (IAC)	1
国际科学院组织 Interacademy Panel on International Issues (IAP)	1
国际催化学会联盟 International Association of Catalysis Societies (IACS)	1
国际动物学会 The International Society of Zoological Sciences (ISZS)	2
亚洲科学院协会 (Association of Academies of Sciences in Asia (AASA)	1
国际心理学联合会 International Union of Psychological Science (IUPsyS)	3
其他国际组织 Other international organizations	435
二、其中在国际组织担任重要职务情况 Of which, major posts held by CAS professionals	158
主席 President	45
副主席 Vice President	35
常务理事 Executive Council Member	62
国家代表 National Representative	9
秘书长 Secretary-General	7
三、在国际组织任职人员中的院士人数 Number of CAS and CAE members who hold international organization posts	167

十三、文献情报、图书出版

DOCUMENTATION, INFORMATION AND OTHER PUBLICATIONS

13-1　文献情报系统馆藏文献情况

Statistics of Documentation Collected by CAS Documentation and Information System

单位：万册　　　　(ten thousand volumes)

年份 Year	文献收藏总量 Total collection	其中：4个文献情报中心藏书量 Of which: 4 document and information Center	图书 Books 合计 Total	图书 Books 中文 Chinese	图书 Books 外文 Foreign languages	期刊 Periodicals 合计 Total	期刊 Periodicals 中文 Chinese	期刊 Periodicals 外文 Foreign languages	其他文献 Others
1950	63	34	51			12	6	6	
1955	272	118	182	115	67	88	26	62	2
1959	813	413	484	347	137	314	81	233	15
1965	1542	849	851	608	243	664	221	433	27
1978	867	692	367	184	183	193	102	91	307
1981	1753	876	668	354	314	679	190	489	406
1985	2104	962	600	312	288	1089	352	737	415
1988	2935	1240	679	359	320	1809	367	1442	447
1990	2565	1033	836	402	434	1729	357	1372	530
1991	3306	1269	810	392	418	1834	396	1438	662
1992	3032	1446	821	402	419	1553	353	1200	658
1993	3006	1450	786	409	377	1563	364	1199	657
1994	3032	1224	791	456	335	1592	368	1224	649
1995	3632	1232	768	394	374	2236	533	1703	628
1996	3700	1248	764	405	359	2316	549	1767	620
1997	3673	1271	681	339	342	2366	567	1799	626
1998	3606	1345	586	282	304	2295	540	1754	726
1999	4150	1358	629	322	307	2180	564	1616	1342
2000	3807	1365	782	450	332	2183	555	1627	843
2001	3624	1377	741	431	311	2037	538	1499	846
2002	3284	1105	678	416	263	1739	522	1216	868
2003	3194	1432	691	390	301	1713	551	1162	790
2004	3432	1667	711	402	309	1897	556	1341	824
2005	3311	1714	692	394	298	1894	566	1328	725
2006	3327	1369	663	375	288	1943	617	1326	721
2007	3341	1527	681	393	288	1790	525	1265	870
2008	3322	1524	642	375	267	1733	514	1219	947
2009	3923	1506	485	245	240	2528	531	1997	910
2010	4045	1614	486	245	241	2589	543	2046	970
2011	3846	1400	491	247	244	2604	548	2056	751
2012	11914	1530	657	416	241	1615	591	1024	9643
2013	12323	1715	661	419	242	1670	682	988	9992

注：中国科学院文献情报系统包括中国科学院文献情报中心、武汉文献情报中心、成都文献情报中心、兰州文献情报中心。

CAS documentation and information system includes Documentation and Information Center,Wuhan Documentation and Information Center、Chengdu Documentation、Lanzhou Documentation and Information Center and documentation and information services in the institutes of CAS.

13-2 数字文献资源建设（2013 年）
Digital Documentation Resources: 2013

	开通数据库（种）Accessible Data Bank (title)		全文期刊（种）Full-text Periodicals (title)		自建数据库（种）Independent Data Bank (title)	
	二次文献数据库 Secondary document Bank	全文数据库 Full-text data Bank	外文 Foreign languages	中文 Chinese	文献库 Document bank	非文献库 Non-document bank
总计 Total	**213**	**575**	**145353**	**167517**	**6728**	**77**
其中：4 个文献情报中心 Of which: 4 Document and information Center	49	118	7998	14168	41	49

13-3 文献情报系统馆藏图书、期刊情况（2013 年）
Statistics of Books and Periodicals Collected by CAS Documentation and Information System: 2013

单位：万册 (ten thousand volumes)

	合计 Total	中文 Chinese	西文 Western languages	日文 Japanese	俄文 Russian	其他 Other languages
图书总册数 Total number of books	661	419	200	11	30	1
其中：4 个文献情报中心藏书量 Of which: 4 Document and information Center	176	84	53	12	26	1
期刊总册数 Total items of periodicals	1670	682	756	123	108	1
其中：4 个文献情报中心藏书量 Of which: 4 Document and information Center	840	288	410	80	62	

13-4 文献情报系统馆藏其他文献情况（2013 年）
Statistics of Other Documents Collected by CAS Documentation and Information System: 2013

	古籍（册）Ancient books (volume)	学位论文（篇）Theses (article)	会议录（册）Proceedings (volume)	专利文献（件）Patents (item)	照片图纸（张）Photos and blueprints(frame)	科技报告（篇）S&T report (article)
总计 Total	**649840**	**6004759**	**170928**	**89398514**	**1503378**	**232803**
其中：4 个文献情报中心 Of which : 4 documentation and information center	477079	96549	148255	2365496	2010	119701

	成果资料（件）Achievement documents (item)	标准文献（件）Standard documents (item)	音像制品（盒）Audio-visual document (box)	缩微制品（盒）Microform (box)	其他（件）Others (item)	
总计 Total	**332802**	**24783**	**113472**	**1244164**	**345300**	
其中：4 个文献情报中心 Of which : 4 documentation and information center		20072	57125	1217008		

13-5 文献情报系统情报服务情况（2013 年）
Documentation Services Provided by CAS Documentation and Information System: 2013

	文献流通（册・次）Documents circulated (volume • times)	馆际互借（册・次）Inter-library loans (volume • times)	全文传递（篇）Document delivery (article)	全文库下载量（篇）Full-text download (article)	网络服务（点击次数）Services of a network (times)	国际交换（册）International document exchange (volume)	文献复制（页）Document reproduction (page)	到所培训/读者培训（次）On-site /User trainning (times)
总计 Total	**226311**	**11079**	**298715**		**39375968**	**9898**	**5135334**	**2266**
其中：4 个文献情报中心 Of which : 4 documentation and information center	43738	3460	105767		29848832	356	1203057	971

13-6 文献情报系统情报加工与服务情况（2013 年）
Information Processing and Services Provided by CAS Documentation and Information System: 2013

	情报服务 Information services			二次文献加工 Secondary information processing		情报调研报告（篇）Information analysis reports (article)
	专题咨询（次）Special subject consultation (time)	文献检索（条）Documentation retrieval (item)	科技查新（项）Novelty-searching (item)	文摘（条）Abstract (item)	数据库数据加工（条）Data processing (item)	
总计 Total	**49296**	**171694**	**10362**	**1742877**	**16328506**	**1066**
其中：4 个文献情报中心 Of which : 4 documentation and information center	29851	98031	1733	1690398	15805517	726

13-7 图书

Classification of

年份 Year	合计 Total		科学出版社 Science Press		
	初版（种） First edition (title)	重版（种） Republication (title)	初版书 First edition		
			种 (title)	万字 (ten thousand Chinese characters)	万册 (ten thousand volumes)
总计 Total	**54950**	**62618**	**51817**	**2026764**	**41463**
1950～1954	238		238	3157	106
1955～1965	3301	1557	3301	71427	1396
1966～1970	172	126	172	4834	188
1971～1977	892	177	892	21508	3981
1978～1985	3140	748	3140	89744	5867
1986～1990	2707	479	2480	76280	1758
1991～1995	2925	881	2439	90186	2270
1996～2000	4582	3809	4088	183618	4099
2001	1335	1549	1215	56990	948
2002	1519	1827	1377	59359	1711
2003	2149	2605	1982	75112	2056
2004	2982	3175	2877	111849	2589
2005	2602	3678	2500	99628	1517
2006	2490	3295	2344	97995	1596
2007	2559	3895	2447	111446	1331
2008	3183	3486	3015	132087	1469
2009	3553	5174	3383	165253	1598
2010	3533	5927	3402	159585	1759
2011	3937	6667	3786	153117	1840
2012	3696	6122	3492	135138	2082
2013	3455	7441	3247	128451	1302

出版情况
Books Published

		中国科学技术大学出版社 University of Science and Technology of China Press				
重版书 Republication		初版书 First edition			重版书 Republication	
种 (title)	万册 (ten thousand volumes)	种 (title)	万字 (ten thousand Chinese characters)	万册 (ten thousand volumes)	种 (title)	万册 (ten thousand volumes)
60703	**75260**	**3133**	**120857**	**2420**	**1915**	**1298**
1557	452					
126	26					
177	1547					
748	2483					
436	365	227	7130	256	43	78
631	990	486	16315	886	250	321
3605	5141	494	20644	306	204	205
1471	2787	120	4804	50	78	35
1755	3910	142	5434	75	72	36
2546	4663	167	6869	88	59	39
3124	4844	105	4460	48	51	23
3614	4198	102	4401	79	64	38
3213	4252	146	5700	66	82	33
3785	4333	112	4742	41	110	44
3390	4478	168	6551	63	96	41
5018	5635	170	7464	230	156	74
5798	5878	131	5141	40	129	70
6488	6739	151	5703	53	179	115
5960	6099	204	7467	62	162	91
7261	6440	208	8032	77	180	55

13-8 图书出版情况（2013 年）

Classification of Books Published: 2013

单位：种 (title)

学科及书类 Field and type	合计 Subtotal	科学出版社 Science Press	中国科学技术大学出版社 University of Science and Technology of China Press
总计 Total	**10896**	**10508**	**388**
一、按学科分 By field			
数学、力学 Mathematics & mechanics	940	896	44
物理 Physics	256	244	12
化学 Chemistry	387	376	11
天文学 Astronomy	1		1
地学 Earth sciences	198	194	4
生物学 Biological sciences	531	526	5
技术科学 Technological sciences	2153	2078	75
综合类 Comprehensive	6430	6194	236
二、按书类分 By type			
专著 Monographs	1678	1643	35
基础理论 Basic theory	701	464	237
论文集 Collected works	125	125	
应用技术 Applied technology	677	602	75
基本资料 Basic information	136	132	4
工具书 Reference books	52	52	
科普 Popular science	288	286	2
综述评论 Reviews	32	32	
其他 Others	7207	7172	35

13-9 自然科学期刊分类情况（2013 年）

Classification of Periodicals in Natural Sciences: 2013

单位：种 (title)

	总计 Total	学术 Academic journals	技术 Technological journals	检索 Retrieval journals	科普 Popular science	指导 Instructional journals
一、期刊总数 Total number of periodicals	338	274	25	2	26	11
二、刊期 Frequency						
周刊 Weekly	1				1	
旬刊 Three issues per month	2	2				
半月刊 Semimonthly	9	3			5	1
月刊 Monthly	133	102	11	1	14	5
双月刊 Bimonthly	136	118	12	1	3	2
季刊 Quarterly	55	47	2		3	3
半年刊 Semiannually	1	1				
1 年刊 Annually	1	1				
三、学科 Field						
综合 Comprehensive	34	19			6	9
数学 Mathematics	18	16	1	1		
力学 Mechanics	9	9				
物理学 Physics	32	27	4		1	
化学 Chemistry	26	25	1			

续表 13-9

	总计 Total	学术 Academic journals	技术 Technological journals	检索 Retrieval journals	科普 Popular science	指导 Instructional journals
天文学 Astronomy	9	7	1		1	
地学 Earth sciences	56	51			5	
生物学 Biological sciences	56	50		1	5	
农学 Agriculture sciences	6	5	1			
环境科学 Environmental sciences	18	17	1			
技术科学 Technological sciences	65	45	14		6	
其他 Others	9	3	2		2	2

注：其中英文版期刊 78 种。
Note: There are 78 journals published in English.

（G-2691.01）
ISBN 978-7-03-042557-7
9 787030 425577 >